W I Z A R D

BY JOHN C. BOGLE

インデックス投資は勝者のゲーム

株式市場から利益を得る常識的方法

THE LITTLE BOOK OF COMMON SENSE INVESTING

THE ONLY WAY TO GUARANTEE YOUR FAIR SHARE OF STOCK MARKET RETURNS, UPDATED AND REVISED

ジョン・C・ボーグル［著］ 長尾慎太郎［監修］ 藤原玄［訳］

Pan Rolling

THE LITTLE BOOK OF COMMON SENSE INVESTING :
The Only Way to Guarantee Your Fair Share of Stock Market Returns,
Updated and Revised
by John C. Bogle

This translation published under license with the
original publisher John Wiley & Sons, Inc.
through The English Agency (Japan) Ltd.

監修者まえがき

本書はバンガード・グループの創業者で元会長であるジョン・C・ボーグルによる〝The Little Book of Common Sense Investing：The Only Way to Guarantee Your Fair Share of Stock Market Returns〟の一〇周年記念版の邦訳である。ボーグルは、プリンストン大学で書いた論文でインデックス運用のアクティブ運用に対する構造的な優位性について説き、後にバンガードを運用資産額が五兆ドルを超える世界最大の投信会社に成長させることで、自らの主張の正しさを現実の世界で証明して見せた。この本はその分かりやすい解説書である。

実際、パフォーマンスの観点で言えば、アクティブファンドはインデックスファンドに対してまったく勝ち目はない。それゆえ、私の個人的な確定拠出年金（日本版四〇一k）でも、国内株式、海外株式、海外債券の三本のインデックスファンドだけを組み入れており、投資比率を固定してずっと放置してある。私はこれが投資信託を使う場合の最善の投資法だと確信しているし、これからもアクティブファンドに投資するつもりは一切ない。それでも、もし読者の方が本書の内容について半信半疑なら、自分にとって最適な投資手段をＡＩ（人工知能）に判断させてみるとよい。年齢などのプロファイルによっても多少異なるが、間違いなく低コストのインデックスファンド数本からなるポートフォリオが推奨されるはずだ。

もっとも、日本の多くのアクティブファンドが提供している顧客価値の根幹は、そのパフォーマンスにあるのではなく、特殊なテーマに特化することによるストーリーの面白さや、双曲割引の効果を利用した高頻度分配によるエンターテインメント性にある。そして、通常そうしたギミックはパフォーマンスとトレードオフの関係にあるので、アクティブファンドのパフォーマンスがインデックスファンドに及ばないのはまったく当然のことなのである。

さて、米国ではインデックスファンドがアクティブファンドを駆逐する勢いなのに対し、日本では趣向を凝らしたアクティブファンドが量産され続けてきた。一方でパフォーマンスの再現性に対する関心は低く、インデックスファンドの存在が顧みられることはほとんどなかった。だが、若年層を中心としたパフォーマンス重視の投資家の出現によって、今後インデックスファンドは大手運用会社にイノベーションのジレンマをもたらす可能性がある。なぜなら、インデックス運用は彼らの主要顧客にとって価値が低いゆえにリソース投入がためらわれるのに対し、新興の運用会社にとっては容易に参入が可能だからである。このままでは、近未来における日本の投信業界の地図は、現在とはまったく異なったものになっているかもしれない。

二〇一八年四月

長尾慎太郎

目次

マサチューセッツ工科大学の経済学教授であり、ノーベル賞受賞者にして投資の哲人でもあった、今は亡きポール・A・サミュエルソンに捧げる。

一九四八年、プリンストン大学の学生だった私を経済学の世界にいざなってくれたのが、古典とも言える彼の教科書であった。サミュエルソン教授の著作が、インデックス運用という投資戦略への興味をかき立ててくれたのが一九七四年である。一九七六年には、ニューズウィーク誌のコラムで、私が組成した世界初のインデックス投信を称えてくれた。一九九三年、私の処女作に序文を寄せてくれた氏は、一九九九年に私が二冊目の書物を著したときにも、力強い推薦文をしたためてくれている。二〇〇九年にこの世を去りはしたが、彼は今でも私の師であり、励みであり、偉大な人物である。

記念すべき第一〇版に向けての序文

――勝者のゲームを敗者のゲームにしてはならない

投資の成否を決めるのは、すべて常識である。オマハの賢人、ウォーレン・バフェットが述べているとおり、それはシンプルだが、容易なことではない。簡単な計算で分かることであるし、歴史がそれを証明してもいるが、株式投資で成功する戦略とは、アメリカの上場企業の株式すべてを、極めて低いコストで保有すること、である。そうすることで、これらの企業が配当や利益成長というかたちでもたらすリターンのほぼすべてを獲得することができるのだ。

この戦略を実行する最良の方法も極めてシンプルだ。**市場全体のポートフォリオを有するファンドを取得し、永遠に持ち続けることである。**そのようなファンドはインデックスファンドと呼ばれている。インデックスファンドとは、つまり、アメリカの株式市場（または、あらゆる金融市場や市場セクター）のパフォーマンスに連動させることを目的とした、大量の卵（株式）を入れたバスケット（ポートフォリオ）のことである（インデックスは債券市場においても作られており、さらには代替投資手段であるコモディティや不動産などのアセットクラスでも構築されていることを覚えておいてほしい。今日、望みさえすれば、アメリカや世界中のあらゆるアセットクラスや市場セクターに連動するコストの低い、伝統的なインデックスファンドで構成された、文字どおり分散の利いたポートフォリオという形で自らの富を保有することもできるのである）。伝統的なインデックスファンド（TIF）とは、その名が示すとおり、いくつかの分散した卵ではなく、株式市場全体のバスケットに相当するものである。これは、個別株を選択したり、特定の市場セクターに重きを置いたり、運用会社を選ぶことに付随するリスクを排除することになる。残るのは株式市場のリスクだけとなる（このリスクだけでも十分すぎるくらい大きい）。インデックスファンドは短期的な興奮がないかわりに、長期的には素晴らしい生産性を発揮する。TIFは、終生、保有するよう生み出されたものなのだ。

インデックスファンドは、個別株や市場セクター、運用会社の選択に伴うリスクを排除する。残るのは株式市場のリスクだけである。

本書は、インデックスファンドについて語るだけのものではない。投資に対する読者の考え方そのものを変えることが本書の目的である。また、短期的な投機よりも、なぜ長期的な投資のほうが有利かを伝えるものでもある。つまり、分散の効果、投資コストが持つ大きな影響、ファンドの過去のパフォーマンスに頼ることや投資における**平均回帰（回帰）の原則（RTM）**を無視することの危険性といった具合である。さらに、本書では金融市場がどのように機能するかも記していく。

金融市場が実際にどのように機能しているかを理解すれば、企業がもたらしたリターンの公平な分配に預かることを本質的に保証し得るのは、インデックスファンドだけであることが分かるであろう。何年にもわたって獲得したリターンは、複利の力のおかげで驚くほどの富となるのだ。

伝統的なインデックスファンド（TIF）。

ここでは、伝統的なインデックスファンドについて記していこう。TIFは、二〇一七年初頭で二六兆ドルもの時価総額となるアメリカ株式市場に上場している株式のすべて、またはほとんどすべてを保有する、分散の利いたファンドである。最小限の費用で運用され、顧問料もかからず、ポートフォリオの回転率も低く、そして節税効果が高い。この伝統的なインデックスファンドは、S&P五〇〇指数に連動するものがそのはしりであるが、アメリカ産業界の主要企業の株式を、その時価総額の割合に応じて取得し、永遠に保有するものである。

投資収益の複利というマジック。投資コストの複利という暴君。

企業がもたらした大きなリターンを複利で運用することが持つ力を過小評価しないでほしい。ここで、保有する企業の株式が年に七%のリターンをもたらすと仮定してみよう。その利率を一〇年間にわたって複利計算すると、当初の一・〇〇ドルは二・〇〇ドルになり、向こう二〇年で四・〇〇ドル、三〇年で七・五〇ドル、四〇年で一五・〇〇ドル、五〇年で三〇・〇〇ドルになる（過去一世紀、アメリカ株式の名目リターンの平均は年利一〇・一％であった。実質ベース［三・四％のインフレ率で調整する］では六・七％である。向こう一〇年間、これらのリターンはともにかなり低いものとなりそうである［第9章参照］）。

複利というマジックはまさに奇跡である。端的に言えば、保有する企業の成長性、生産性、機略、そしてイノベーションのおかげで、資本主義とは富を生み出す、**所有者にとってはゼロサムゲームなのである。長期的な株式投資は、勝者のゲームなのだ。**

企業が稼ぎ出したリターンは、つまるところ株式市場のリターンへと転換される。この市場のリターンから、過去に読者がどれだけの分け前を獲得したかは知りもしない。しかし、学術研究によると、典型的な個別株投資家であれば、そのリターンは市場のそれに年に二％ほど及ばないという。

この数字をS&P五〇〇指数が過去二五年間にもたらした年利九・一％というリターンに当てはめれば、個別株投資家の年間リターンは七％程度ということになる。結果として、投資家全体としてみれば、彼らは市場のパイの四分の三しか手にしていないということだ。また第7章で説明するが、典型的な投資信託に投資していれば、さらに悪い結果となる。

ゼロサムゲームなのだろうか。

投資家のほとんどが経験するものはリターンであるということが信じられないならば、「簡単な計算で分かる冷徹なルール」（第4章）について少しばかり考えてみてほしい。この鉄則がゲームを規定しているのだ。投資家であるわれわれは、集団として見た場合は株式市場のリターンを獲得しているのである。

　この事実に驚かないでほしいのだが、集団としてわれわれ投資家を見た場合、そのリターンは平均並みである。だれかが市場を上回る超過リターンを獲得すれば、それと同じだけの損を被った投資家がどこかにいるのである。**投資にかかるコストを差し引く前では、市場に勝とうとすることはゼロサムゲームでしかないのだ。**

敗者のゲーム。

ほかの投資家に打ち勝とうとする場合、勝者が手にする利益は必然的に敗者の損失と等しくなる。取引が白熱するなか、他者を出し抜こうとするコストの高い競争で唯一確実に勝者となり得るのは、金融制度の中心に身を置く者である。ウォーレン・バフェットが最近記したように、「高い手数料を徴収するウォール街の連中が何兆ドルもの資金を運用している現在、大きな利益を手にするのは資産運用会社であって、顧客ではない」のだ。

カジノでは、常にハウスが勝つ。競馬では、常に競馬場が勝つ。パワーボール宝くじでは、常に州が勝つのだ。投資でも同じである。投資というゲームでは、金融業界の元締めが常に勝利し、集団として見た場合の投資家は負けるのである。**投資にかかるコストを差し引いたあとでは、市場に勝とうとすることは敗者のゲームなのである。**

> ウォール街の元締めの取り分が減れば、メーンストリートの投資家のそれが増える。

それゆえ、投資で成功するということは、投資した企業がもたらすリターンのうち、ウォール街が手にする分け前を最小化し、実体経済（つまり、あなたがた読者である）にもたらされる分け前を最大化する、ということなのだ。株式の売買を最小限に抑えれば、市場のリターンから公平な分け前を手にできる可能性は大いに高まる。とある学術研究によれば、一九九〇～一九九六年までの上昇相場において、もっとも活発に取引を行った上位二〇％のトレーダーは、月に二一％以上もポートフォリオを回転させていた。この間、彼らが年に一七・九％の市場リターンを獲得していたとしても、六・五％もの取引コストを負担することになるので、彼らが手にする年間リターンはたった一一・四％と、市場リターンの三分の二にすぎなくなってしまうのだ。

投資信託の投資家にも、自らの能力に対する慢心がある。彼らはファンドの直近のパフォーマンス、さらには長期的なそれの優劣に基づいてファンドを選択し、またそのためにアドバイザーを雇うこともしばしばである（次の第2章で述べるウォーレン・バフェットの「助言者」である）。しかし、第12章で説明するとおり、アドバイザーを活用してもさして成功しない。

コストとして徴収される損失にも気づかずに、あまりに多くの投資信託の投資家が購入時手数料や信託報酬などの費用を喜んで支払っているばかりか、異常なまでにポートフォリオを回転させる結果としてファンドが支払う膨大、かつけっして開示されることのない取引手数料を知らず知らずのうちに負担しているのである。投資信託の投資家たちは、自分たちは一貫して優れたファンドを選びだすことができると自信を持っているようだが、それは誤りである。

投資信託の投資家たちは、優れたファンドを容易に選びだすことができると確信している。ただ、それは間違っている。

対照的に、投資したあとでファンド選びのゲームから降り、不必要なコストを一切支払わない者たちにとっては、成功の確率は大きなものとなる。なぜだろうか。それは、彼らがただ企業の株式を保有しているだけだからである。そして、企業は大きな資本利益率を上げ、株主たちに配当を支払い、残りの利益を将来の成長のために再投資するのだ。

確かに、個別企業で見れば、破綻するものも少なくない。欠陥のあるアイデアや融通の利かない戦略、脆弱な経営陣を有する企業は、競争的資本主義の特徴とも言える**創造的破壊**の犠牲者となり、ほかの企業に道を譲るばかりとなる（「創造的破壊」とは、ヨーゼフ・E・シュンペーターが一九四二年の著書『資本主義・社会主義・民主主義』［東洋経済新報社］で提唱した用語である）。しかし、総体としての企業は、わが国の活力あふれる経済の長期的な成長と歩を一にしているのだ。たとえば、一九二九年以降、わが国のGDP（国内総生産）は、名目で年利六・二％成長し、全米の企業の税引き前利益率は年利六・三％の成長を示しているのだ。GDPの成長率と企業利益の成長率との相関は、実に〇・九八（一・〇が完全相関である）にもなる。この長期的な関係は今後も続くものと私は考えている。

カジノには近づくな。

本書では、なぜ金融市場の元締めたちに寄付するのをやめるべきかを示そうとしている。それは、なぜだろうか。過去一〇年、彼らが読者たちのような投資家からかき集めたお金は毎年五六五〇億ドルにも上るのだ。また本書では、このような元締めを避けて通ることがどれほど容易なことかも示している。S&P五〇〇のインデックスファンドや株式市場全体に連動するインデックスファンドを買いさえすればよいのである。さらには、ひとたび株式を買ったら、カジノからは退出し、二度と近づかないことである。そして、市場ポートフォリオを永遠に持ち続けるだけだ。これこそが、伝統的なインデックスファンドがやっていることである。

シンプルだが、容易ではない。

この投資哲学はシンプルなばかりでなく、エレガントですらある。その根拠となる計算は反論の余地もないものだ。しかし、この規律を守るのは容易ではない。われわれ投資家が、今日の規律のない金融市場制度を受け入れているかぎり、われわれが株式を売買することに伴う（しかし、高くつく）熱狂を楽しんでいるかぎり、より良い方法があることを認識できずにいるかぎり、このような哲学は直観に反したことのように思えるであろう。しかし、本書の切実なメッセージをよく検討してみてほしい。そうすれば、インデックス革命に参加したいと思うであろうし、自分たちの利益を第一とする、新しく、「より経済的で、より効率的で、より公正で」（「経済的、効率的、公正」という言葉は、私が一九五一年にプリンストン大学で書いた論文「投資会社の経済的役割（The Economic Role of the Investment Company）」で使ったものである。不朽の原理のひとつであろう）、より生産的な方法で投資を行いたいと思うであろう。

トマス・ペインと常識。

たった一冊の本が投資の世界での革命に火をつけると考えるのは現実的ではないと思う。その時代の社会通念に反する新しいアイデアは、常に疑いや侮蔑をもって迎えられ、時には恐れられることすらある。それこそが、二四〇年前、アメリカ独立革命の口火を切ることになった一七七六年の政治パンフレット『コモン・センス』を著したトマス・ペインが直面した問題である。次に、トマス・ペインの言葉を引く。

おそらく、このあとのページにつづられている思いは、一般大衆に歓迎されるほど浸透してはいないであろう。物事がおかしいとは考えない長い習慣が、上っ面の正しさを生み出し、これまでの習慣を守ろうとする激しい拒絶反応を引き起こすのだ。だが、騒動はやがて静まる。時間は理性よりも物事を動かすのだ。……私が提案するのは、簡潔な事実、公平な議論、そして常識だけである。

ご存知のとおり、トマス・ペインの力強く、明快な主張が勝利した。アメリカ独立革命は、今日わが国の政府と国民の責任、そして世の中のあり方を規定している合衆国憲法を生み出したのだ。

同様に、来る時代、私が示す簡潔な事実、率直な主張、そして常識が投資家に勝利をもたらすと確信している。インデックス革命は、わが国の新しく、より効率的な投資制度を構築する一助となるであろう。新たな投資制度では、投資家に資することが最優先事項となるのだ。

構造と戦略。

一九七四年にバンガードを設立し、一九七五年に世界初のインデックス投信を組成した者として、自らの考えを訴えることのメリットが私にはあるのだと主張する者もいるであろう。もちろん、そのとおりだ。しかし、それは私を裕福にするからではない。そのようなことをしても一銭にもならない。むしろ、私が訴えたいのは、かつてバンガードが拠って立った二つの礎、つまり真に共通利益にかなう、受益者が所有する構造と、インデックスファンド戦略こそが、長期にわたって富をもたらす、ということである。

私の言葉だけを信じる必要はない。

インデックス運用の黎明期、私の声は孤独そのものであった。だが、私を信じてくれた数少ない、思慮深く、尊敬に値する人々が、使命を果たそうとする私を励ましてくれたものである。今日、わが国の最良、かつもっとも成功した投資家たちの多くがインデックスファンドのコンセプトを認めてくれている。学術界においても、世界中で受け入れられるようになった。しかし、**私の言葉だけを信じる必要はない**。投資の真理を求めること以外には何の思惑もない、独立した専門家たちの言葉に耳を傾けるべきである。彼らの声を各章末に掲載していく。

たとえば、ノーベル経済学賞を受賞した、マサチューセッツ工科大学の元経済学教授である故ポール・A・サミュエルソンによる賛辞に耳を傾けてみよう。ちなみに、本書は彼に捧げたものである。「ボーグルの筋の通った見解によって、何百万人もの人々が二〇年後には隣人の羨望の的となろう。と同時に、われわれは多難な時代にもぐっすりと眠ることができるであろう」

わが国の金融制度をあるべき姿に戻すには長い時間がかかる。しかし、変革が遅々として進まないからといって、自らの利害に気を配ることができないわけではない。この大きな犠牲を伴うバカ騒ぎに参加する必要などないのだ。企業の株式を保有するという勝者のゲームに参加し、市場に勝とうとする敗者のゲームを避けることを選択するには、自らの常識に依拠し、システムを理解し、その過剰なまでのコストを大幅に削減しさえすればよいのだ。

そうすれば、やがてはわれわれが保有する企業が株式や債券市場を通じて将来もたらしてくれるリターンの公平な分配にあずかることができるであろう（**注意**　途中マイナスのリターンも、公平に分配される）。この現実を理解すれば、常識がすべてだということが分かるであろう。

常識に基づく投資の記念すべき第一〇版。

本書の初版が一〇年前に出版されたとき、本書が、金融市場がもたらすあらゆるリターン（プラスもマイナスも含む）から投資家たちが公平な分け前を獲得する一助となることを願っていた。

二〇〇七年の初版は、一九九四年に出版した私の処女作『ボーグル・オン・ミューチュアルファンド（Bogle On Mutual Funds : New Perspectives For The Intelligent Investor）』の後継であった。どちらもインデックス運用を推奨するものであり、投資信託に関する書籍ではベストセラーとなって、あわせて五〇万部以上を売り上げることになる。

最初の書物を著してから四半世紀あまり、インデックス運用はその真価を認められるようになった。株式のインデックスファンドの預かり資産は、二八〇億ドルから二〇一七年半ばには四兆六〇〇〇億ドルまで、一六八倍の増大をみせた。過去一〇年だけでも、アメリカの投資家は株式のインデックスファンドに二兆一〇〇〇億ドルを積み増し、アクティブ運用の株式ファンドからは九〇〇〇億ドル以上引き出している。投資家の選好が三兆ドル分も振れたのだから、これは投資革命以外のなにものでもない。

今にして思えば、一九七五年に私が組成したインデックスファンドの第一号が、このインデックス革命に火をつけたのは明らかであろう。また、一五〇万人もの読者を得ることになった私の著作が、その後の革命の原動力になったと言ってもよかろう。

インデックスファンドによる創造的破壊は、概して投資家の役に立ってきた。この第一〇版を読めば、過去に記してきた確かな原則にのっとったものであり、また新たに設けられた配当、アセットアロケーション、引退計画に関する章は、それらの原則を実行に移すためのものであることが分かるであろう。

さぁ、耳を傾け、楽しみ、実行してほしい。

二〇一七年九月一日（ペンシルベニア州バレーフォージ）

ジョン・C・ボーグル

私の言葉だけを信じる必要はない

バークシャー・ハザウェイでウォーレン・バフェットのビジネスパートナーを務めるチャールズ・T・マンガーは次のように述べている。「今日の一般的な資産運用は、人々ができもしないことをやり、望みもしないことを望んでいるふりをすることを求めている。資産運用業界全体として見れば、その実態は顧客に何の価値も与えていないのであるから、おかしな事業である。そうしなければならないのだろうが、投資信託は年に二%も課金し、証券会社はファンド間の付け替えを行うだけで、さらに三～四%を徴収する。そして可哀想な一般の人々は、プロからひどい商品をあてがわれているのだ。非常に不愉快である。その商品を買った人々に価値が提供されるシステムに参加することのほうがよほどよかろう」

＊　＊　＊　＊

投資アドバイザーであり、神経学者でもあるウィリアム・バーンスタインは、その著書の『ザ・フォー・ピラーズ・オブ・インベスティング（The Four Pillars of Investing）』のなかで次のように述べている。「市場リスクをとるだけでも大変なことだ。それなのに、蓄えを適切に分散することをせず、さらなるダメージを被るリスクをとるなどバカ者のすることである。この問題を回避するには、安定したインデックスファンドを購入し、市場全体を保有すればよい」

次に、ロンドンのエコノミスト誌の言葉を引く。「大部分のファンドがほとんど価値を生み出していないことは事実である。市場を上回る成績を残しても、たいていはその後、負け続けることになる。長期にわたり市場平均を上回る成績を残すファンドなどほとんどいないのだ。……しかし、その間も顧客に資金を失う特権として多額のフィーを課すのである。……学ぶべきは……インデックス運用のメリットである。……継続的に市場に勝てるファンドを見いだすことなどほとんど不可能なのだ。極めて低いコストで市場リターンを提供するインデックスファンドに投資したほうがよかろう」

＊　＊　＊　＊

これほど多くの学術界の巨人や、市場に打ち勝つことで名声を博した世界の偉大なる投資家たちが、インデックス運用の価値を認め、称賛していることには驚くばかりである。おそらくは私自身よりも優れている彼らの常識が、読者をより賢明なる投資家ならしめることを期待する。

注記　各章末に掲載する「私の言葉だけを信じる必要はない」や本文での引用、ならびに提示する広範囲におよぶデータの出典は、私のウェブサイト（http://johncbogle.com/wordpress/）で確認することができる。この書籍の限られたページを膨大な参考文献目録に浪費したくはないので、ぜひ私のウェブサイトを見ていただきたい。

第1章

寓話——ゴットロックス家の人々

「インデックスファンド」——アメリカの株式市場のほとんどすべての銘柄を取得し、それを永遠に保有する投資信託がもっとも基本的なものである——について考える前に、実際の株式市場がどのようなものかを理解しなければならない。これから記す寓話は、バークシャー・ハザウェイの会長であるウォーレン・バフェットが同社の二〇〇五年の年次報告書で語ったストーリーを私なりに改変したものであるが、これがわが国の巨大かつ複雑極まる金融市場制度の愚かさや非合理性を明らかにしてくれるであろう。

むかしむかし……

ゴットロックスという名な裕福な一族がいた。彼らは何世代にもわたたって繁栄し、兄弟、叔父、叔母、いとこたちまで含めると何千人にもなった。一族はアメリカの全株式を一〇〇％保有していたのである。毎年、彼らは投資から報酬を得ていた。つまり、何千もの企業が生み出した利益成長であり、彼らがもたらす配当のすべて、である（少しばかり複雑になってしまうが、ゴットロックス家は各年に行われる株式公開もすべて引き受けていた）。一族のメンバーはみんな同じように豊かになり、すべては調和していた。彼らの投資資金は何十年にもわたたる複利の効果で巨大な富となっていた。ゴットロックス家は、勝者のゲームをやっていたのだ。

しかし、しばらくすると、「助言者」と名乗る早口の助言者たちがやって来て、ある「賢い」ゴットロックスのいとこたちに、ほかの親戚よりもたくさん稼ぐことができると説いたのだ。助言者たちは、いとこたちにいくつかの企業の株式を一族のほかのメンバーに売らせ、また彼らからほかの企業の株式を買わせることに成功する。助言者たちはブローカーとして取引を差配し、その見返りに手数料を受け取った。つまりは、家族のメンバー間で所有権を再分配しただけである。しかし、驚くべきことに、家族の富が増大するペースが遅くなり始めたのだ。なぜだろうか。投資収益の一部が助言者たちによって食われたからである。アメリカ産業界が毎年焼き上げる大きなパイから一族が得る分け前、つまり配当や事業への再投資など、当初一〇〇％であったものが減り始めたのだ。これは単に、助言者たちがリターンの一部を食っているからである。

さらに悪いことに、一族が受け取る配当に対して支払う税金に加え、メンバーのなかにはキャピタルゲイン税を支払っている者もいた。彼らが株式を売買したことで、キャピタルゲイン課税が発生してしまい、一族全体の富をさらに減少させてしまったのだ。

賢いいとこたちは、自分たちの計画が一族の富の成長率を阻害していることにすぐに気づいた。彼らは、自分たちが焦って株式を選んだことが誤りであったと考え、適切な株式を選ぶことができるプロフェッショナルの助力が必要だと結論づけてしまう。そして有利な立場を得るために、銘柄選択の専門家、つまりさらなる「助言者」を雇ったのだ。そして、一年後に一族がその富を評価してみると、自分たちの分け前がさらに減少していることを発見する。

さらに、さらに悪いことに、この新しい資産運用者たちは自分たちの糧を得るために一族の株式を活発に取引したが、それによって最初の助言者たちに支払う売買手数料が増大したばかりか、課税額も増えてしまった。当初、一〇〇％であった一族の配当や利益からの分け前はますます減少する。「俺たちは自分で適切な銘柄を選べなかったし、それができる資産運用者を選ぶこともできなかった。じゃぁ、どうすりゃいいんだ」と賢いとこは言う。この二度の失敗にも懲りず、彼らはさらに多くの助言者を雇うことにする。彼らは最良の投資コンサルタントとファイナンシャルプランナーを得て、適切な銘柄を選択することができる正しい資産運用者を選択する術を教えてもらうこととなった。もちろん、コンサルタントは自らの務めを全うできると言う。「われわれのサービスに謝礼をお支払いくださいさすればすべてうまくいきますよ」とこの新しい助言者はいとこに断言する。残念ながら、コストがさらに増えたことで、一族の分け前は再び減少してしまった。

「助言者」はすべて追放しろ。そうすれば、アメリカの企業が焼いてくれたパイをもう一度一〇〇％手にすることができる。

さすがに危機感を覚えた一族はみんなで集まって、メンバーの一部がほかを出し抜こうとしたことで起こってしまった出来事を調査した。「これはどうしたことだ。毎年の配当と利益のすべてからなる、もともと一〇〇％であった分け前がたった六〇％にまで減少して

しまったではないか」と彼らは尋ねた。もっとも賢い長老格の叔父が優しい口調で答える。「あの助言者たちに支払ったお金と、余分な税金はすべて一族が手にする配当と利益から出ているのだよ。**今すぐ元通りにしなさい。すべてのコンサルタントを追放するのです。**そうすれば、わが一族は再び、アメリカの企業が毎年もたらしてくれる大きなパイを一〇〇%手にすることができる」

一族はこの年老いた叔父の賢明な忠告に従い、かつての受動的だが生産性の高い戦略に立ち返り、アメリカ企業のすべての株式を保有し、以後、それを変えることはなかった。以上がまさにインデックスファンドが行っていることである。

そして、ゴットロックス家は末永く、幸せに暮らしましたとさ。

アイザック・ニュートンの三つの運動法則に第四の法則を追加するかのように、ウォーレン・バフェットは彼一流の方法で教訓を与えている。いわく、投資家全体で見れば、動けば動くほど、リターンは減るのだ、と。

この謎めいた言葉ほど鋭くはないが、この寓話は、投資事業を営む者と株式や債券に投資する者との間に存在する重大な利益相反を描き出しているものだと付け加えたい。事業を営む者たちが富を得るには、「**ぼーっとしてないで何かやれ**」と顧客を説得しなければならない。しかし、全体としての顧客が富を得るには、正反対の行動原則に従わなければならない。つまり「**何もするな、そこにいろ**」である。これこそが、市場に勝とうとする敗者のゲームを避ける唯一の方法なのだ。

顧客全体の利害に反するような方法で事業を営んでいたら、顧客が現実に目を覚ますのも時間の問題にすぎない。やがて、変化は起こり、その変化が今日の金融システムに革命をもたらすのだ。

ゴットロックス家の物語から得られる教訓は、投資で成功するには、わが国、さらに言えば、世界の企業の株式を保有し、配当や利益成長という形で巨額の報酬を得ればよい、ということだ。**売買が増えれば増えるほど、金融業界の仲介者に支払うコストや税金が増大し、企業の所有者たる株主が手にするリターンの純額は減少するのだ。**投資家が被るコストが少なければ少ないほど、手にする報酬は大きくなる。つまり、長期にわたって企業が生み出す大きなリターンを享受するためには、賢明なる投資家は金融仲介業者のコストを絞れるだけ絞らなければならないのだ。それこそがインデックス運用が行っていることである。そして、それこそが本書の主題である。

私の言葉だけを信じる必要はない

ハーバード・マネジメント・カンパニーの元会長で、ハーバード大学の寄付基金を八〇億ドルから三倍の二七〇億ドルへと増加させた、まさに天才と呼べるジャック・R・メイヤーの言葉に耳を傾けてみよう。これは、二〇〇四年のビジネスウィーク誌のインタビューに答えたものである。「投資事業というのは巨大な詐欺である。ほとんどの人々が勝てるファンドを見いだすことができると考えているが、そのほとんどが誤りである。ファンドの八五～九〇％が自分たちのベンチマークすら達成できないのだ。資産運用会社は手数料を徴収し、また取引にはコストがかかるので、全体として彼らは価値を破壊しているのが分かるであろう」

個人投資家がハーバードの取り組みから得るべき教訓はあるかと問われたメイヤー氏はこう答えている。「教訓はある。まず、分散させなさい。たくさんのアセットクラスにまたがるポートフォリオを構築しなさい。次に、支払う手数料を抑えたいところだ。つまり、華々しいばかりで費用の高いファンドは避け、コストの低いインデックスファンドを選べということだ。最後に、長期投資をしなさい。投資家はインデックスファンドを保有して、手数料と税金を低く抑えるべきである。**これは疑う余地のないものだ**」

＊　＊　＊　＊

もう少し反論の少ないところで、プリンストン大学教授であり、『ウォール街のランダム・ウォーカー』の著者であるバートン・G・マルキールはこう述べている。「インデックスファンドの年間収益率は、アクティブ運用のそれを二%近く上回っている。アクティブ運用は総体として市場全体を上回る総リターンを上げることができず、それゆえ、平均してみれば、自分たちの運用管理費用（信託報酬）や取引コストの分だけインデックスに負けることになる」

「インデックスファンドを買う者たちが典型的なファンドを上回る結果を得ていることは経験が教えている。典型的なファンドは、運用管理費用（信託報酬）が大きく、またポートフォリオの回転率も高いため、投資収益を減少させてしまいがちなのである。

……インデックスファンドは、まったく苦労することなく、最小限のコストで市場の収益率を獲得する合理的かつ実用的な手段である」

第2章 根拠ある熱狂
――株主の利益は企業の利益と一致しなければならない

第1章で紹介したゴットロックス家の面白い寓話は、投資の現実を痛感させるものである。つまり、ウォーレン・バフェットの言葉を借りれば、「総体としての所有者たちが今日から審判の日までに手にするほとんどのものは、彼らが保有する総体としての企業が稼ぎ出したものである」ということだ。彼が四六年間経営している上場会社バークシャー・ハザウェイの核心を伝えるバフェット氏の言葉に注意深く耳を傾けてほしい。

株価が企業の業績に対し一時的に過大評価もしくは過少評価されているときは、売り手なり買い手なり限られた数の株主が、取引コストを負担して大きな利益を手にすることになるが、……長期的にはバークシャーの株主全体が手にする利益の総計は、必然的に当社が事業から得る利益に見合ったものとなる。

長期的には、株主が……獲得する利益の総計は必然的に企業が事業から生み出す利益と見合ったものになるはずだ。

投資家はこの不変の原理をどれほど頻繁に見失うのだろうか。しかし、過去の記録は明白である。それを検証するのが難しいというのなら、歴史を見れば、アメリカの企業が生み出した長期的な累積リターン（年間の配当利回りと年率の利益成長率を足したもの）と株式市場の累積リターンには驚くような関連があることが分かるであろう。その確実性を少し考えてみてほしい。シンプルな常識ではなかろうか。

証明が必要だろうか。では、二〇世紀初頭からの記録を見てほしい（**図表2―1**）。株式のトータルリターンは年率平均で九・五％である。配当利回りが四・四％、利益成長が四・六％であり、投資リターンだけで九・〇％である。

年利〇・五％の差額は、私が投機的リターンと呼ぶものに起因する。投機的リターンはプラスにもマイナスにもなり得るもので、投資家が各期末時点の利益一ドルに対してその期首よりも高い価格を支払うか、低い価格を支払うかに依存するものである。

投資家が一ドルの利益に対してどれだけを支払うかを示す尺度としてPER（株価収益率）がある。投資家の自信が増減するに従い、PERも上下する（金利の変化がPERに影響を及ぼすこともあるが、ここでは簡略化している）。期待が広く行き渡れば、PERは適度なものとなり、恐れが支配的になれば、たいていPERも極めて低いものとなる。繰り返し行きつ戻りつする投資家の感情の変化が、投機的リターンに反映されるのだ。それは、時に投資の経済学における長期的かつ堅調な上昇トレンドを逸脱することがある。

図表2－1にあるように、配当利回りと利益成長率とからなる株式の投資リターンは、長期的に市場全体のリターン（投機的リターンの影響を加味した）に密接に連動する。この二つが大きく乖離しても、それは短期的なものにすぎないのだ。

これらのリターンで一一六年間複利運用すれば、めまいがするほど巨額の富となる。一九〇〇年に株式に投じられた一ドルは、二〇一五年末まで年九・五％で増大し、四万三六五〇ドルとなるのである（公正を期そう。当初の一ドルを、名目リターンの九・五％ではなく、実質値の六・三％［この間のインフレ率三・二％を差し引く］で複利運用すれば、一ドルは一三三九ドルと、名目ベースに比べればわずかなものとなる。しかし、実質資産が

図表2－1　1900年に投資した1ドルを投資リターンと市場リターンで比較する（1900～2016年）

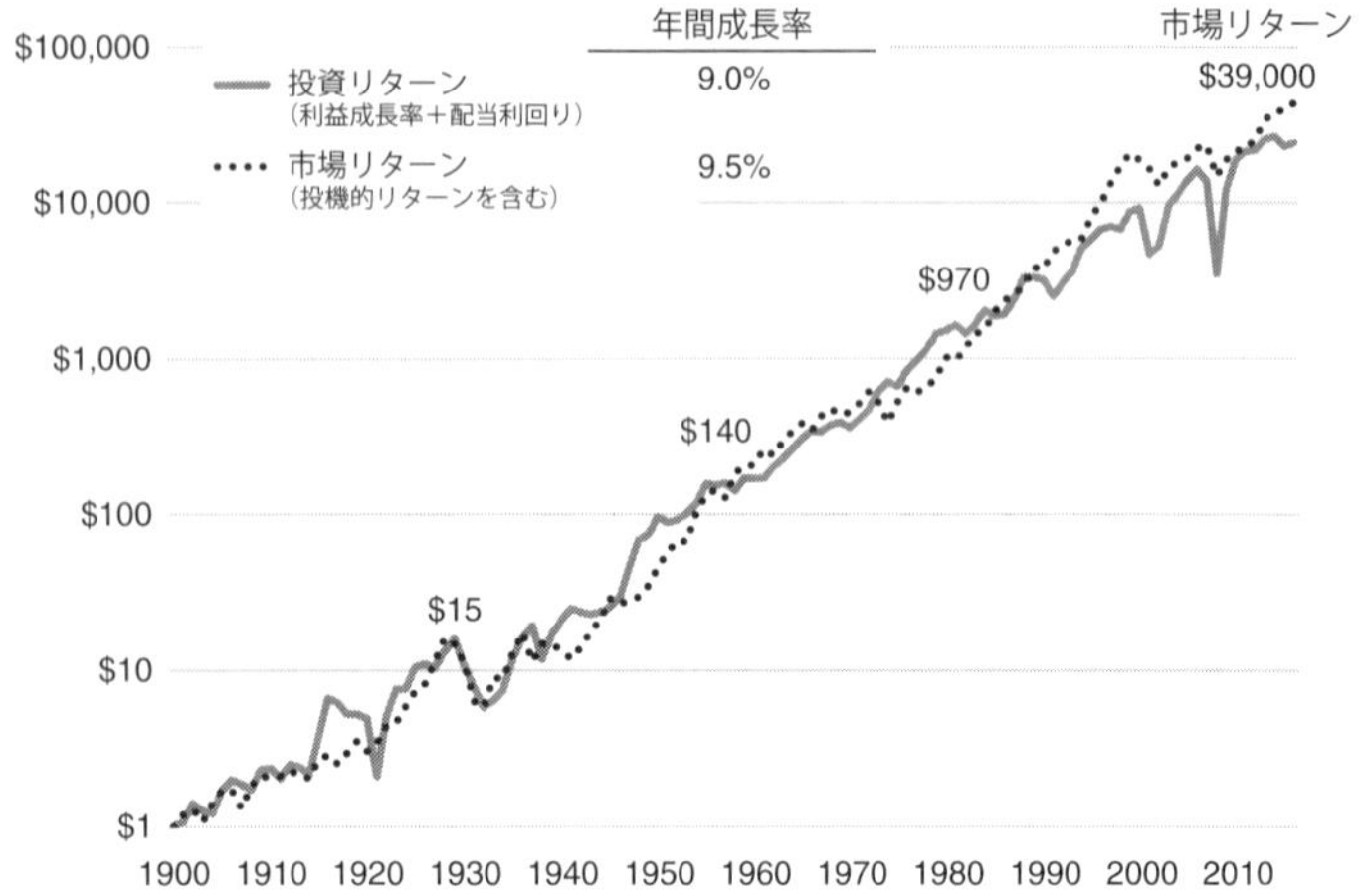

一三〇〇倍にも増大するのだから見逃すべきではなかろう）。確かに、一一六年も生きられる者はいない。しかし、われわれのあとを継ぐ子孫たちが、ゴットロックス家のように、複利という奇跡を享受することになるのだ。このようなリターンは驚くべきものである。まさに、勝者のゲームだ。

図表2－1を見れば明らかだが、企業がもたらす投資リターンが途中落ち込むことがある。一九三〇年代初頭の大恐慌期のように、このような落ち込みが大きなものとなる場合もある。しかし、われわれはそれを乗り越えてきた。チャートを少し離れて見てみれば、企業のファン

ダメンタルズには、ほぼ一直線ともいえる、なだらかな上昇トレンドがあるように見えるし、一時的な落ち込みもほとんど目につかないであろう。

平均への回帰。

確かに、株式市場のリターンが企業のファンダメンタルズを上回るときがある（一九二〇年代後半や一九七〇年代初頭、また一九九〇年後半やおそらくは現在も）。だが、それも時間の問題にすぎず、まるで磁石に引き寄せられるかのように、最終的には長期的な水準に回帰する。ただ、一九四〇年代半ばや一九七〇年代後半、または二〇〇三年の下値のように一時的に大きく下落したあとに回復することが多い。これは平均への回帰（ＲＴＭ）と呼ばれるもので、第11章で掘り下げた議論を行う。

われわれ投資家は愚かにも一過性のものにすぎない短期的な市場の動揺に目を奪われるあまり、その長い歴史を見過ごしてしまうことが多い。株式のリターンが長期的な水準から大きく乖離すると、われわれはそれが企業の利益成長や配当利回りといった投資の**経済学**に基づいていることなどめったにない、という現実を無視してしまうのだ。実際には株式の年間リターンがそれほど変動しやすいのは、投資にまつわる**感情**が主たる原因であり、それがＰＥＲの変動に反映されるのだ。

過去の経験を将来の論拠とするのは危険である。

図表２－１を見れば、株価が企業の価値という現実からしばしば乖離することがあっても、**長期的には現実が勝ることが分かる**。投資家は、過去は必ず将来のプロローグになると本能的に受け入れてしまうようだが、大きな投機的リターンも含めた株式市場の過去のリターンは、将来の道しるべとするには大いに欠陥がある。過去のリターンが将来の前兆とはなり得ない理由を理解するためには、偉大なるイギリス人経済学者ジョン・メイナード・ケインズの言葉に耳を傾けさえすればよい。次に挙げるのは、八一年前に彼が記したものである。

過去の経験がなぜそのようなものとなったかという理由を理解せずに、それを将来の論拠とするのは危険である。

　しかし、過去の出来事の要因を理解することができれば、将来について合理的な予測を立てることはできる。ケインズは、長期的な株価予測は企業（「その有効期間にわたる資産の期待収益率を予測する」）と投機（「市場心理を予測する」）の組み合わせであると指摘しているが、これがわれわれの理解の一助となる。

　これらの言葉は私には馴染みの深いもので、六六年前、プリンストン大学の卒業論文に盛り込んでいる。論文のタイトルは、「投資会社の経済的役割（The Economic Role of the Investment Company）」であるが、一生の仕事を投資信託業界で過ごすことになったのも、天の差配であろう。

株式市場のリターンが持つ二つの性質

　過去数十年の株式市場のリターンを見れば、リターンが持つ二つの性質がはっきりと見て取れる（**図表2－2**）。ケインズの考えに私なりの数字を当てはめるために、株式市場のリターンを二つに分解する。①当初の配当利回りとその後の利益成長からなる**投資リター**

図表2－2　10年ごとの株式の投資リターン（年率%。1900～2016年）

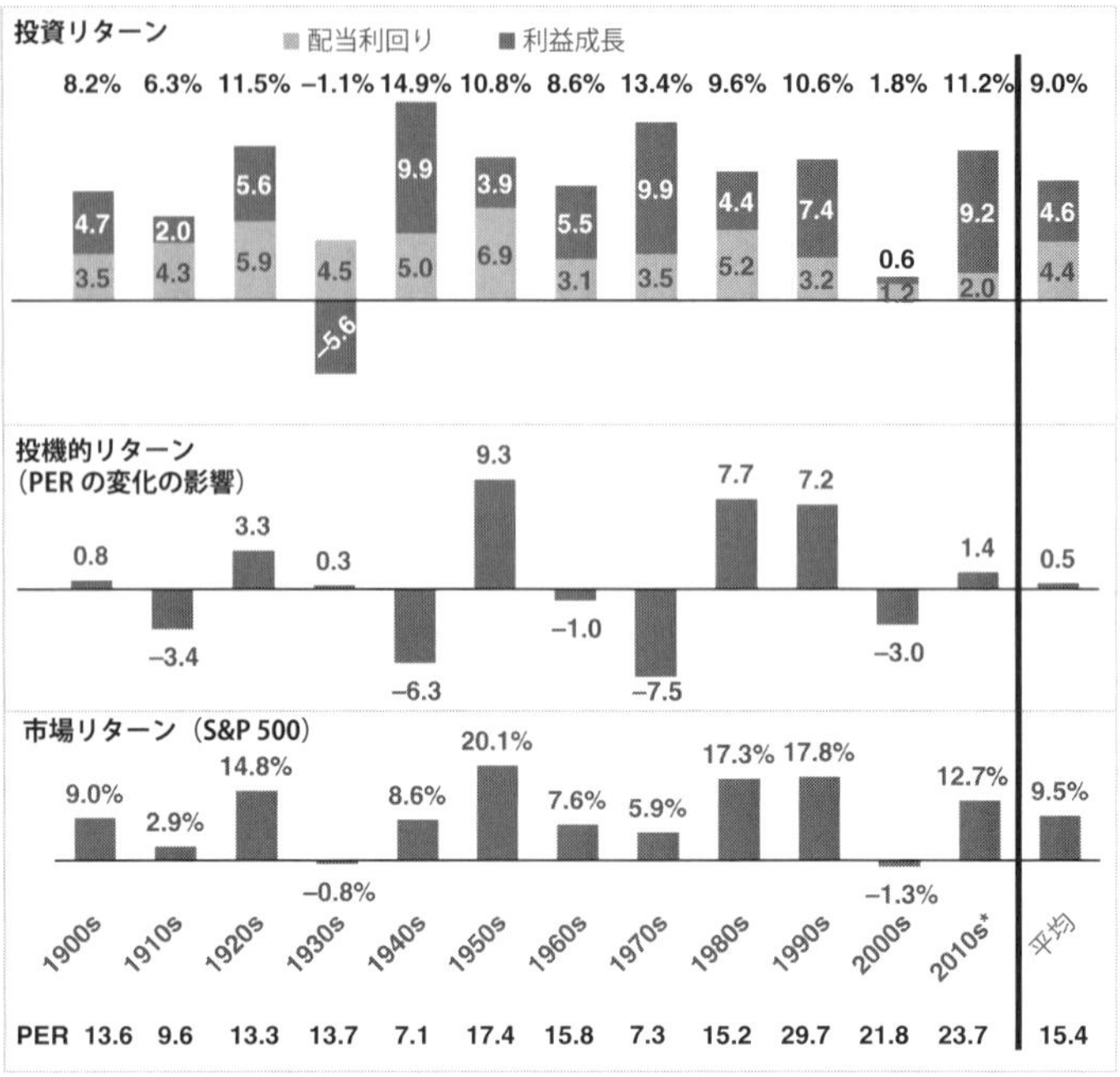

* 2016年までの各10年末時点でのPERで、1900年のPERは12.5だった

ン（企業）、②株価のPERの変化の度合いである**投機的リターン**――である。では、投資リターンから見ていこう。

図表2―2の上の段には、一九〇〇年以降一〇年ごとの株式の投資リターンの年次平均が示されている。まずは、各期間において配当利回りがリターン全体に安定的に寄与していることに注目してほしい。常にプラスであり、三～七％の範囲に

入らなかったのは二回だけで、平均すると四％となる。

次に、利益成長の投資リターンへの寄与であるが、大恐慌に悩まされた一九三〇年代を除き、各一〇年ともプラスであり、九％を超える一〇年も何回かあったが、通常は四〜七％の範囲にあり、平均すると年四・六％となる。

以上の結果、投資リターン全体（上の段、配当利回りと利益成長とを足したもの）がマイナスとなったのは一九三〇年代の一回だけである。これら一〇年ごとの投資リターン、つまり企業がもたらした利益は変動こそするが、私には驚くほど安定しているようにも思える。概して年八〜一三％の範囲にあり、平均すると九％となる。

投機的リターンに取り掛かる。

図表2－2の中段に示した投機的リターンに移ろう。数十年にわたり比較的安定していた配当や利益成長と比べると、投機的リターンの変動の大きさは際立っている。PERは大きく増減し、リターンに著しい影響を与えることが多い。たとえば、PERが一〇から二〇へと一〇〇％上昇すると、投機的リターンは年率七・二％となる。

ご覧のとおり、投機的リターンが大幅なマイナスとなった一〇年の次の期間は、例外なく同程度のプラスとなっている。一九一〇年代のマイナスのあとは熱狂の一九二〇年代が、落胆の一九四〇年代のあとは活況の一九五〇年代、一九七〇年代の停滞のあとは右肩上がりの一九八〇年代といった具合である。このパターンこそが平均への回帰である。RTMは、PERが時間の経過とともに長期的な水準へと戻る傾向だということができよう。基準を下回るパフォーマンスを示した期間のあとには、回復期が訪れ、またその逆となる。しかし、驚くべきことに、一九九〇年代はその前の一〇年から連続して大幅な上昇を示しているのだ。これは前例のないことで、これまでには見られなかったパターンである。

健全さを取り戻す。

一九九九年四月、PERは三四倍という前例のない水準にまで上昇したが、それは次に来る下落の前兆であり、バリュエーションはすぐに正常な状態へと戻っていった。株式市場の崩落は当然の結果である。利益が増大を続けるなか、二〇世紀初めに一五倍程度であったPERは現在二三・七倍である。以上の結果、投機的リターンは長期にわたりアメリカ企業がもたらした年間投資リターンにわずか〇・五％を上乗せしたにすぎないのだ（二〇一六年末時点でのＰＥＲを算出するにあたっては、二二四七というＳ＆Ｐ五〇〇の年末の値と、一株当たり九五ドルという二〇一六年の報告利益を利用し、二三・七という数値を得た。ウォール街のアナリストたちは翌年の予想営業利益［減価償却などの費目を差し引く前の一株当たり一一八ドル］を用いる傾向にあるが、それによればＰＥＲは一七・四倍ということとなる）。

投資リターンと投機的リターンを組み合わせると、株式市場全体のリターンとなる。

株式のリターンの源泉となる、これら二つを組み合わせると、株式市場がもたらすトータルリターンとなる（**図表2－2**の下段）。ほとんどの期間で大きく上下する投機的リターンの影響が大きいが、長期的に見るとその影響はほとんどない。九・五％という株式によるトータルリターンの平均年率は、主に**企業**がもたらしたものであり、**投機**によるものはたった〇・五％にすぎないのだ。

これが教えるところは明らかだ。長期的には、株式のリターンは企業がもたらす投資リターンという現実にほぼ完全に依存しているのである。投機的リターンに示されるような投資家の認知過程の変化にはほとんど意味がないのだ。長期的な株式のリターンを左右するものは経済学であり、その前では短期的には大きな力を持つ感情の影響は霧散してしまうのである。

投資家の短期的な感情の変化を正確に予測することは不可能である。しかし、長期的な経済学を理解することで、成功の確率は劇的に増大する。

このビジネスに取り組んで六六年余りとなるが、投資家の短期的な感情の変化を予測する術を私は知らない（これは私だけではないだろう。それができる人物も、そういった人物を知っている者すらも私は知らない。実際に、七〇年間金融を研究してきたが、そのような人物は見つからない）。しかし、投資にまつわる計算は初歩的なものであり、私は長期的な投資の経済学を理解することで成功の確率を劇的に増大させてきた。

なぜだろうか。それは単に、株式市場が長期的にもたらすリターンのほとんどは投資リターン、つまりアメリカの企業がもたらす利益と配当とに依存しているから、である。幻想（一時的な株価）はしばしば現実（企業の本源的価値）から乖離するが、長期的には現実が勝るのだ。

現実の市場と期待の市場

この点を理解してもらうために、投資は二つの異なるゲームからなると考えてみてほしい。これは、トロント大学ロットマン・マネジメント・スクールの学長であるロジャー・マーティンによる説明である。ゲームのひとつは「現実の市場で、そこでは巨大な上場企業がしのぎを削っている。現実の企業が実際に資金を投じて、現実の製品を売買し、能力があれば現実の利益を獲得し、そして現実の配当を支払う。このゲームには現実の戦略、判断、専門性、さらには現実のイノベーションや先見の明が求められる」。これと漠然と関係しているのがもう一つのゲームである**期待**の市場である。「株価は、売上総利益率や利益などの現実の事柄によって付けられるのではない。短期的には、投資家の期待が高まるだけで株価は上昇し、必ずしも売り上げや利益率、または利益が増大する必要などないのである」

株式市場は、投資という事業にとっては認知のゆがんだ狂気の世界。

この極めて重要な区別に付け加えると、期待の市場とは、ほかの投資家が何を考えているか、また新たな情報が市場にもたらされたときに彼らがどのように動くかを推測しようとする**投機家**の期待の産物である、ということだ。**期待の市場で行われるのが投機であり、現実の市場で行われる投資である。つまり、株式市場は投資という事業にとっては認知のゆがんだ狂気の世界ということである**。

市場は、投資家たちに本当に重要なこと、つまり企業がもたらすリターンがゆっくりと蓄積されていくという事実ではなく、一過性の、短期的な期待に焦点を当てさせることがあまりに多い。「正気を逸した者のしゃべる物語だ、わめき立てる響きと怒りはすさまじいが、意味はなにひとつありはしない」と書いたシェイクスピアは、株式市場の日々の、月々の、そして毎年の変動を指していたのであろう。投資家に向けた私の忠告は、金融市場に見られる感情の短期的な響きや怒りは無視し、企業の生産的かつ長期的な経済学に集中すべきである、ということだ。投資で成功するためには、株価という期待の市場から抜け出て、企業という現実の市場に釣竿をたれるべきである。

私の言葉だけを信じる必要はない

伝説の投資家であり、**『賢明なる投資家』**（パンローリング）の著者にして、ウォーレン・バフェットの師匠でもあるベンジャミン・グレアムが示した時代を超えた次の例えに耳を傾けさえすればよい。投資の本質を指摘する彼は、お金についても正しかったのだ。**「短期的には株式市場は投票機にすぎないが、……長期的には計量器である」**

「ミスターマーケット」という素晴らしいメタファーを用いて、ベンジャミン・グレアムは次のように述べている。「ある個人企業に一〇〇〇ドルの出資をしていると想像してほしい。共同出資者の一人には、ミスターマーケットという名の非常に世話好きな男がいる。彼は、あなたの持ち分の現在価値に関する自分の考えを毎日教えてくれ、さらにはその価格であなたの持ち分を買い取ってもいいし、同じ単位価格で自分の持ち分を分けてもいいと言ってくる。彼の価値評価が、企業成長やあなた自身が考える将来性に見合っており、適切なものに思えるときもあるだろう。その反面、ミスターマーケットはしばしば理性を失い、あなたには彼が常軌を逸した価格を提示しているように思えることもある。

もしもあなたが慎重な投資家……ならば、自分の出資分一〇〇〇ドルに関する価値評価を、ミスターマーケットの言葉によって決めるだろうか。そうするのは、あなたが彼と同意見のとき、また彼と取引したいと望むときだけである。……しかしそれ以外のときには、持ち分の価値評価について自分なりの考えを持つのが賢明なのである。……真の投資家は……**株式市場のことなど忘れ、受け取る配当金と企業業績に注意を注いでいたほうが良い結果につながるものなのである。**

堅実な銘柄からなるポートフォリオを持った投資家は、その株価が変動することを肝に銘じて、大きな下落に気を揉んだり大きな上昇に興奮してはならない。市場価格というものは自分にとって身近で便利なもので、利用しても無視してもよいものなのだと常に念頭に置くべきである」

第3章

企業に賭けろ

──簡潔にして勝て、オッカムのカミソリを頼りにしろ

どのようにして企業に賭けるのか。それは、アメリカのすべての企業の株式を取得し、永遠に保有しさえすればよいのだ。このシンプルなコンセプトこそが、投資家を集団として見た場合、そのほとんどが負けることになる投資ゲームでの勝利を保証するのだ。

簡潔さと愚かさとを混同しないでほしい。一三二〇年の昔、オッカム出身のウィリアムが簡潔さの美徳を見事に表現し、この教訓をこう説明した。問題の解が複数存在する場合、もっとも簡潔なものを選択すべし（オッカムのウィリアムはもっとエレガントな表現を用いて「ある事柄を説明するためには、必要以上に多くの実体を仮定するべきでない」と述べたのだが、事の本質は変わらない）。そして、いわゆるオッカムのカミソリは科学研究における主たる原則となる。アメリカの企業すべてを保有するという簡潔極まる方法は、株

式市場全体のポートフォリオ、またはその同等物を保有するということにほかならない。

オッカムのカミソリ――問題の解が複数存在する場合、もっとも簡潔なものを選択すべし。

過去九〇年間、株式市場のポートフォリオとして受け入れられているのが、S&P五〇〇指数である。これは、一九二六年にコンポジット指数として創出され、現在は五〇〇銘柄から構成されている（一九五七年までは、S&P指数は九〇銘柄で構成されていた）。基本的に指数はアメリカ最大の企業五〇〇社で構成され、時価総額に基づく**加重平均**となっている。最近では、これら五〇〇銘柄が、アメリカの株式すべての時価総額のおよそ八五%を占めている。このような時価総額加重平均型指数の利点は、株価の変化に応じて株式を売買するリバランスを行う必要がないことである。

一九五〇～一九九〇年にかけて企業の年金基金が大きく増大するなかで、S&P五〇〇は理想的な計測基準、つまり年金基金を運用するプロたちのパフォーマンスと比較されるベンチマーク（またはハードルレート）となった。今日でも、S&P五〇〇は年金基金や投資信託のプロの運用者たちがもたらすリターンと比較される基準として有効である。

株式市場全体のインデックス。

一九七〇年、アメリカ株式市場を表すさらに包括的な基準が開発される。当初、ウィルシャー5000と呼ばれ、現在のダウジョーンズ・ウィルシャー・トータル・ストック・マーケットインデックスである（全面開示――一九七五年、バンガードは当初S&P五〇〇に連動するインデックス投信を組成したが、一九九二年にはトータル・ストック・マーケット・インデックスファンドも組成している）。現在、三五九九銘柄からなる指数には、S&P五〇〇の構成銘柄も含まれている。それらの構成銘柄は時価総額に基づいて加重されているので、時価総額の小さい残りの三〇九九銘柄が占める時価総額の割合は一五%ほどである。

アメリカの株価指数でもっとも包括的なこの指数は、株式全体の価値を測る最良の基準となるので、投資家全体がアメリカ株式から獲得するリターンを測定するに適している。すでに記したとおり、どちらの指数も、大型株についてはまったく同じ銘柄を含んでいる。**図**

図表3－1　S&P500とトータル・ストック・マーケットインデックス（構成銘柄　2016年12月現在）

S&P500		トータル・ストック・マーケットインデックス	
ランキング	構成割合	ランキング	構成割合
アップル	3.2%	アップル	2.5%
マイクロソフト	2.5	マイクロソフト	2.0
アルファベット	2.4	アルファベット	2.0
エクソンモービル	1.9	エクソンモービル	1.6
ジョンソン・エンド・ジョンソン	1.6	ジョンソン・エンド・ジョンソン	1.3
バークシャー・ハザウェイ	1.6	バークシャー・ハザウェイ	1.3
JPモルガン・チェース	1.6	JPモルガン・チェース	1.3
アマゾン	1.5	アマゾン	1.3
ゼネラルエレクトリック	1.4	ゼネラルエレクトリック	1.2
フェイスブック	1.4	フェイスブック	1.1
上位10銘柄	19.1%	上位10銘柄	15.6%
上位25銘柄	33.3	上位25銘柄	27.3
上位100銘柄	63.9	上位100銘柄	52.9
上位500銘柄	100.0	上位500銘柄	84.1
全体の時価総額	19.3兆ドル		22.7兆ドル

表3－1は、それぞれの上位一〇銘柄と、指数を構成するときの構成割合を示したものである。

これら二つのポートフォリオの類似性を考えれば、二つの指数がもたらすリターンが互いに似かよったものとなるのも当然である。シカゴ大学のセンター・フォー・リサーチ・イン・セキュリティ・プライセズでは、一九二六年までさかのぼってアメリカのすべての株

図表3－2　S&P500とトータル・ストック・マーケットインデックス（1926～2016年）

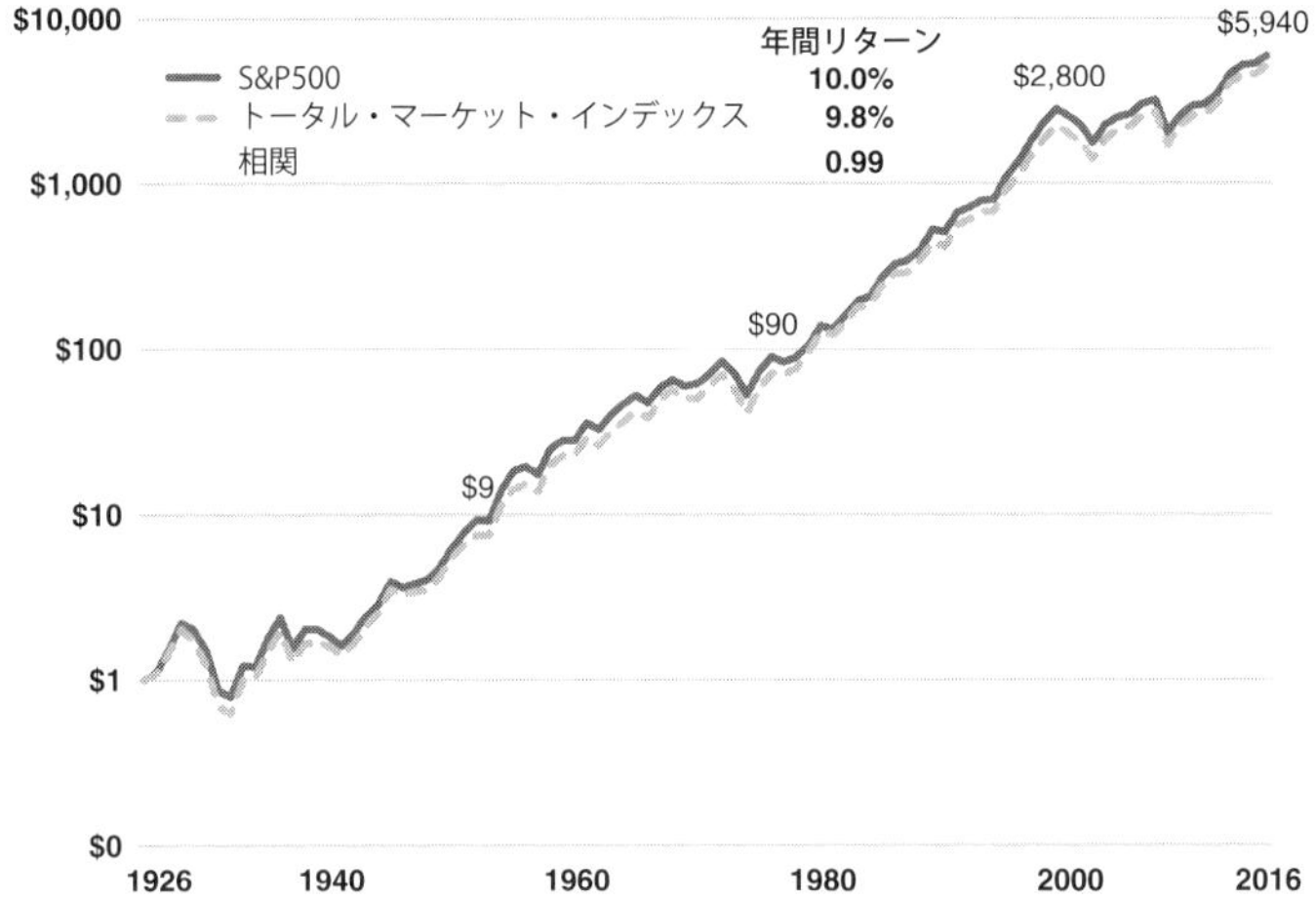

式がもたらしたリターンを算出した。S&P五〇〇とダウジョーンズ・ウィルシャー・トータル・ストック・マーケットインデックスのリターンはほぼ同等であった。計測を開始した一九二六年から二〇一六年までで、二つの指数を識別するのは難しい（**図表3－2**）。

全期間を通じたS&P五〇〇の年間の平均リターンは一〇・〇%で、トータル・ストック・マーケット・インデックスのそれは九・八%であった。この比較はいわゆる**期間依存症**と言われるもので、データの起算日と最終日にすべて依存してしまう。この比較を一九二六年ではなく、一九三〇年から始めていれば、二つの指数のリターンはまったく同じ九・六%となる。

もちろん、期中には差異もある。一九八二〜一九九〇年まではS&P五〇〇はかなり強含みで、年間リターンは一五・六%と、トータル・ストック・マーケット・インデックスの一四・〇%を上回った。しかし、それ以降は中小型株がわずかに好調で、トータル・ストック・マーケット・インデックスのリターンが一〇・二%と、S&P五〇〇の九・九%をわずかに上回った。しかし、二つのインデックスのリターンの長期的な相関は〇・九九(一・〇〇が完全相関)もあり、どちらを選択しても差異はない(妻が保有する不動産を管理する財団を設立するにあたり、ウォーレン・バフェットは資産の九〇%をコストの低いS&P五〇〇インデックスファンドに投じるように指示を出したことは知っておくべきである)。

株式市場がもたらすリターンは、市場に参加するすべての投資家が獲得するリターンの総額と等しくなるはずだ。

どのような基準に照らそうとも、株式市場を構成する上場企業がもたらすリターンは、市

場に参加するすべての投資家が獲得するリターンの総額と必ず等しいものでなければならないことは今や明らかである。同様に、第4章で記すとおり、それらの投資家たちが獲得するリターンの純額は、中間業者に支払うコストの額だけ、リターンの総額に及ばないことになることは言うまでもない。常識が教えるところは明らかで、それは第1章で述べたことでもある。つまり、株式市場を長期にわたって保有することは勝者のゲームであるが、**市場に勝とうとすることは敗者のゲームである。**

つまり、市場全体を網羅するコストの低いファンドは、株式投資家が獲得するリターンを長期的には必ず凌駕するのだ。この事実を認識すれば、インデックスファンドが長期だけでなく、毎年、毎月、毎週、そして毎瞬間、必ず勝つということが分かるであろう。期間の長短にかかわらず、株式市場のリターンの総額から、中間業者のコストを差し引いたものが、投資家が獲得するリターンの純額となる。もしインデックス運用が勝つことを証明できないデータがあるとしたら、それはデータが間違っているのだ。

> インデックス運用が勝つことを証明できないデータがあるとしたら、それはデータが間違っているのだ。

しかし、短期的には、必ずしもS&P五〇〇（いまだ投資信託や年金基金のベンチマークとしてもっとも一般的である）、またはトータル・ストック・マーケットインデックスが勝つように見えるとは限らない。それは、アメリカの株式市場に参加する一般投資家やプロの運用者、アメリカ人や外国人など、多岐にわたる何百万もの参加者が獲得するリターンを正確に算出する現実的な方法が存在しないことが原因である。

投資信託の分野では、それぞれのファンドをその資産額にかかわらず、一本として扱うことで、さまざまなファンドのリターンを測定する。比較的資産規模の小さい小型、または中型のファンドが数多く存在するので、それらがデータに不相応な影響をもたらすこともある。小型または中型のファンドが市場全体を主導しているときは、市場全体をカバーするインデックスファンドは出遅れているように見える。一方で、中小型のファンドが市場に遅れているときは、インデックスファンドは強力な存在に見えるのだ。

アクティブファンド対ベンチマーク指数。

図表3－3　対象となるS&Pインデックスに負けたアクティブ運用投信の割合（2001～2016年）

カテゴリー	グロース	コア	バリュー
大型	95%	97%	79%
中型	97	99	90
小型	99	95	81

あらゆる種類のアクティブ運用の株式ファンドとS&P五〇〇を比較するには、ファンドが採用する投資戦略が参照するほかのインデックスを基準にして各々のファンドを評価するのが分かりやすい。SPIVA（S&P Indices versus Active report）が数年前に始めたのがまさにこれである。これは、さまざまな戦略に応じて分類したアクティブ投信を適切な市場インデックスと比較した包括的なデータを提供するものである。二〇一六年末のリポートでは、SPIVAは評価対象となる期間をこれまでで一番長い一五年（二〇〇一～二〇一六年）とし、ベンチマークとなるインデックスに負けたアクティブ運用のファンドの割合を示した。結果は驚くべきものであった（**図表3－3**）。平均すると、過去一五年間で九〇%ものアクティブ運用の投信がベンチマークとなるインデックスに負けているのだ。インデックスは一貫して圧倒的な優位性を持っていたのである。

S&P五〇〇は、アクティブ運用の大型コアファンドの九七

%を凌駕していた。S&P五〇〇のグロースならびにバリューインデックスも大型ファンドの比較に用いられ、中型や小型でも同様に三つの分野で比較が行われた。インデックスの全面的な優位性を見れば、インデックスファンドが普及するのも当然と言える。

一九五一年、プリンストン大学の卒業論文で、投資信託は「市場平均に勝るとは言えない」と記した。それから六六年後、これがかなり控えめな表現であったことが証明されたわけだ。

史上初のインデックス投信の投資家の記録――一九七六年に投資した一万五〇〇〇ドルは二〇一六年には九一万三三四〇ドルになった。

近年に至っても、現在バンガード五〇〇インデックスファンドとして知られる世界初のインデックスファンドの生涯記録は損なわれないばかりか、さらに向上を続けている。この運用が始まったのが一九七六年八月三一日である。内輪の話で恐縮だが、二〇一六年九月二〇日、ファンドの公開四〇周年を祝うランチの席で、ファンドのアンダーライターの弁護士は、当初の公募価格である一株一五ドルで一〇〇〇株買っていたことを告白した。つまり、一万五〇〇〇ドルの投資である。そして彼は、持ち分のその日の価値（ファンドの分配金の再投資や長年にわたる受益権の割り当てを通じて取得した持ち分を含む）が九一万三三四〇ドルであることを誇らしげに語ったのだ（さらにこの投資家は、分配金を受け取り、キャピタルゲインにかかる税金を別途支払っている）。もはや、何も飾る必要のない数字であろう。しかし、ひとつ警告と注意が必要である。

警告と注意。

警告　インデックスファンド第一号が組成された一九七六年、三六〇本の株式投信が存在していたが、そのうち現在も存在するのはたった七四本にすぎない。アクティブ運用のファンドは現れては消えていくが、インデックスファンドは永遠に続いていく。

注意　この四〇年間、S&P五〇〇指数は年利一〇・九％の上昇を見せてきた。しかし、今日の低い配当利回り、利益成長の見通しの低さ、市場のバリュエーションの高さを考えれば、このようなリターンが次の四〇年も繰り返されると仮定するのは、この上なく愚かであろう。第9章「良き時代はもはや続かない」を読んでもらいたい。

広く分散が図られたインデックスファンドを通じてアメリカの企業を保有することは合理的なだけでなく、控えめに言っても信じられないほど生産的であることは歴史が証明している。同様に、オッカムのウィリアムが簡潔に表現した古き原則に忠実たることも重要である。つまり、銘柄を選択するに複雑なアルゴリズムや謀略に興じたり、投資信託を選ぶに過去のパフォーマンスに頼ったり、もしくは株式市場の先を読もうとする（投資家全体にとっては、これら三つは無駄な試みである）投資家の群れに加わるのではなく、もっとも簡潔な方策を選べばよい。そう、株式市場に連動する、広く分散された、コストの低いポートフォリオを保有することである。

私の言葉だけを信じる必要はない

エール大学寄付基金のＣＩＯ（最高投資責任者）として広く尊敬を集めるデビッド・スウェンセンの言葉に耳を傾けてみよう。「一九九八年までの一五年間で、税引き後の結果が市場に勝った投資信託は、たった四％だけで、収益率も年間で〇・六％上回ったにすぎない。バンガード五〇〇インデックスファンドに敗れた九六%のファンドは、年に四・八%も富を破壊している」

＊　＊　＊　＊

シンプルなインデックスファンドは、平均的な財力を持つ投資家のためだけのものではない。アメリカの大企業や州や地方政府が運営する国の年金基金の多くも、投資戦略の礎として採用しているのだ。それら基金のうちでも最大規模で、連邦政府職員の年金基金を運用するTSP（Thrift Savings Plan）でも、インデックス運用が広く採用されている。現在この基金は、わが国の公務員や軍人たちのためにおよそ四六〇〇億ドルを運用している。すべての拠出金や利益は、企業の四〇一kと同じように給付時まで課税が繰り延べられる（TSPでは、ロス・コントリビューションを選択することもできるが、これはロスIRAと税務上同じように扱われることになる。ロス・コントリビューションは拠出額が所得税の控除対象とならない代わりに、その後の運用益は完全に非課税となる。引退後の貯蓄については第19章で詳しく述べるつもりである）。

インデックス運用は、大西洋の向こうでも称賛されている。ロンドンのザ・スペクテーター誌のコラムニストであるジョナサン・デービスの言葉に耳を傾けてみよう。「イギリス金融業界の美辞麗句とその中身との絶えざるギャップを浮き彫りにするには、この地の運用者たちが、アメリカにおけるジョン・ボーグルのインデックスファンドの成功に太刀打ちできない姿を見れば事足りる。シティのプロフェッショナルたちはみんな、インデックスファンドこそを、長期的投資家のポートフォリオの礎とすべきであることを知っているのだ。一九七六年以来、バンガードのインデックスファンドは年一二％もの複利リターンを上げ、競合の七五％をも凌いでいるのだ。三〇年が経過したが、無知とプロたちが守る沈黙とが、投資界におけるこの隠れた英雄の果実を多くの投資家たちが享受する妨げとなっているのだ。」

＊　＊　＊　＊

第4章 どうしてほとんどの投資家は勝者のゲームを敗者のゲームにしてしまうのか

――簡単な計算という冷徹なルール

投資戦略としてのインデックス運用の成功に話を移す前に、どうして投資家は企業が配当や利益成長を通してもたらすリターンを獲得できないのか、もう少し掘り下げてみよう。それらは究極的には株価に反映されているのに、なぜだろうか。それは集団として投資家を見た場合、あくまで**投資にかかるコストを差し引く前の時点で**市場のリターンを獲得しているだけだからだ。

信託報酬、ポートフォリオの入れ替えにかかる費用、証券会社の手数料、購入時手数料、広告費、運営コスト、弁護士費用、これらすべての金融仲介業者に支払うコストを差し引く時点で、投資家が獲得するリターンは、まさにそのコストの総額に等しい額だけ市場リターンに及ばなくなるのである。**これこそが、簡潔にして、否定できない投資の現実であ**

る。

市場のリターンが七％の年は、投資家全体が獲得する総リターンは七％となる（当ったり前だ）。しかし、金融仲介業者に支払ったあとでは、その残りしか手にできないのである（しかも、リターンがプラスであろうがマイナスであろうが、コストは支払わなければならないのだ）。

コストを差し引く前では市場に勝つことはゼロサムゲームだが、コストを差し引いたあとでは敗者のゲームとなる。

つまり、確実なことが二つある。①**コストを差し引く前では市場に勝つことはゼロサムゲーム**、②**コストを差し引いたあとでは敗者のゲーム――である**。投資家全体が獲得するリターンは、嫌でも金融市場が実現したそれに及ばないことになる。では、どれだけのコストがかかるのであろうか。株式を直接保有する個人投資家であれば、取引費用は平均すれば年に一・五％かそれ以上となる。めったに取引しない者であればコストは低くなる（おそらく一％）し、頻繁に取引する者はコストが高くなる（たとえば、ポートフォリオの回

転率が年に二〇〇％を超える投資家は三％となる）。

アクティブ運用の株式投信では、**ファンドの経費率**と呼ばれる運用管理費用（信託報酬）は平均すると年に一・三％となり、ファンドの資産規模で加重するとおよそ〇・八％となる。さらに、五％の購入時手数料を一〇年の保有期間に分散するとして、購入時手数料が〇・五％乗ることになる。保有期間を五年とすれば、購入時手数料は〇・五％の二倍、一％という計算になる（多くのファンドが購入時手数料を徴収しており、現在は一〇年以上にわって分割徴収されることが多い。およそ六〇％のファンドが「ノーロード」ファンドである）。

さらに、巨額の追加コストがかかるのであるが、これが目に見えないから始末が悪い。私が指摘しているのは、ポートフォリオの回転にかかる隠れたコストであり、平均すれば年に一％はかかると推測している。アクティブ運用の投資信託は、年におよそ八〇％はポートフォリオを回転させていると言われるが、例を挙げるなら、五〇億ドルのファンドが毎年二〇億ドルの株式を買い、二〇億ドルの株式を売り、合計で四〇億ドル動かしていると いうことになる。この規模では、証券会社の手数料、売り気配値と買い気配値の差、さらにマーケットインパクトを加味すれば、ファンドの運用者が負担している追加コストはおそらく〇・五～一・〇％にはなる。

> われわれ投資家が手にするのは支払わなかったものである。支払うものがなければ、すべて手にすることになる。

その結果、株式ファンドを保有するコストは「すべて込み」で年に二％にも三％にもなる（ファンドの運用者が負担している機会費用という隠れたコストを無視している。ほとんどの株式投信は五％ほどを現金で保有している。仮に株式が七％のリターンを上げた一方で、現金に付く金利が二％だとすると、年間のコストは〇・二五％［資産の五％に、利益の差額五％をかける］追加されることになる）。**そう、コストがものを言うことになるのだ**。投資にまつわる不快な皮肉であるが、投資家を集団として見た場合、投資家は自分たちが支払ったものを失う、というのではなく、支払わずに済んだものを手にしているだけ、なのだ。**それゆえ、何も支払うものがなければ、すべてを手にすることになるのだ**。常識、である。

数年前、ルイス・D・ブランダイスの『アザー・ピープルズ・マネー（Other People's

Money)』（初版は一九一四年）を読み直したとき、この教訓を説明する素晴らしい一説に出合った。後にアメリカ最高裁判所史上、もっとも影響力ある判事の一人となったブランダイスは、一〇〇年前アメリカ投資界ならびに産業界を牛耳っていた財閥を激しく非難していた。

「簡単な計算という冷徹なルール」

ブランダイスは、利己的な金融業者や互いに結びついた彼らの利害は**「天地の法を踏みにじっても咎められず、二＋二は五になるという妄想に取りつかれている」**と説明している。彼は、その当時蔓延した投機は**「簡単な計算という冷徹なルール」の犠牲**となって、やがて崩壊すると予測した（これが正確であったことが後に判明する）。さらに、彼は出所不明の警告（ソポクレスの言葉だと思うのだが）も発している。**「おぉ、見知らぬ人よ、覚えておいてほしい。計算は科学の始まりであり、安全の母なのだ」**

ブランダイスの言葉に文字どおり打ちのめされた。なぜだろうか。投資における簡単な計算という冷徹なルールは明白なのだ（「明白なことを認識する優れた能力」こそが私に向けられる非難である）。

興味深い事実であるが、ほとんどの投資家には目の前にある、明らかなことを認識することが難しいようなのだ。それ以上に、彼らは現実を認識しようとしないのだ。なぜなら、彼らに染みついた信念やバイアス、過信、そして金融市場がどのように機能しているかを無批判に受け入れる姿勢と現実とが相反するからであるが、これは永遠に続くように思われる。

理解しないことで給料をもらっている人に、それを理解させるのは難しい。

さらに言えば、投資家や顧客にこの明白な現実を認識させようとすることはわが国の金融仲介業者の利害に反するのである。実際に、わが国の金融制度における利己的な指導者たちは、彼らがこの冷徹なルールを無視するよう強いてさえいるのだ。ここでアプトン・シンクレアの言葉を引こう。**「理解しないことで給料をもらっている人に、それを理解させるのは難しい」**

わが国の金融仲介業というシステムは、他人のお金を運用する者たちに巨万の富をもたらしてきた。彼らの利己心は早々変わらないであろう。しかし、投資家としては、自らの利益に気を配るべきである。投資にまつわる明白な現実を受け入れさえすれば、賢明なる投資家は成功することができるのだ。

金融仲介業者のコストがどれほど問題になるのだろうか。とんでもなく大きい。実際に、株式ファンドのコストが高いがゆえに、ファンドのパフォーマンスは長い間、一貫して株式市場のリターンに負け続けているのである。それ以外にあり得るだろうか。

これらのファンドのファンドマネジャーは概して優秀で、学歴もあり、経験も知識も豊富で、正直者である。**しかし、彼らは互いに競争しているのだ。**だれかが株式を買うときは、別のだれかがそれを売っている。ファンドの受益者には純益はないのだ。実際に、彼らは、ウォーレン・バフェットが第１章で警告した「助言者」に支払う取引コストに等しい損失を負担しているのである。

投資家は、投資にまつわるコストにほとんど気を配らない。今日の、次に挙げる三つの状況下ではその重要性を安易に過小評価してしまうのだ。①株式市場のリターンが大きい（一九八〇年以降、株式のリターンは年平均一一・五％もあり、平均的なファンドは一〇・

一％と、明らかに適切ではないのだが、大きなリターンをもたらしている）、②投資家が短期的なリターンに集中し、ほとんど没収されているとさえ言えるコストが長期投資に与える影響を無視している、③多くのコストが目に見えない（ポートフォリオの取引コスト、ほとんど認識されない購入時手数料の影響、本来なくてもよいはずの分配金にかかる税金）。

例を挙げて説明するのが分かりやすいであろう。では、株式市場が半世紀にわたり年平均七％のトータルリターンを上げているとする。確かに期間が長いように思われるかもしれないが、投資期間は実際にはもっと長いのだ。つまり、二二歳で働き始めた投資家がすぐに投資を始めて、たとえば六五歳まで働くとする。その後も、保険数理士が余命とするところの二〇年以上の期間投資を続けるとすれば、六五～七〇年という期間になるのだ。では、平均的な投資信託のコストが少なくとも年二％としよう。その結果、平均的なファンドの年間リターンの純額はたった五％となるのである。

一万ドルが二九万四六〇〇ドルにも、一一万四七〇〇ドルにもなる。一七万九九〇〇ドルはどこへ行ってしまったのか。

図表４－１　複利リターンというマジック、複利コストという暴君――１万ドルは50年でどれだけ増えるか

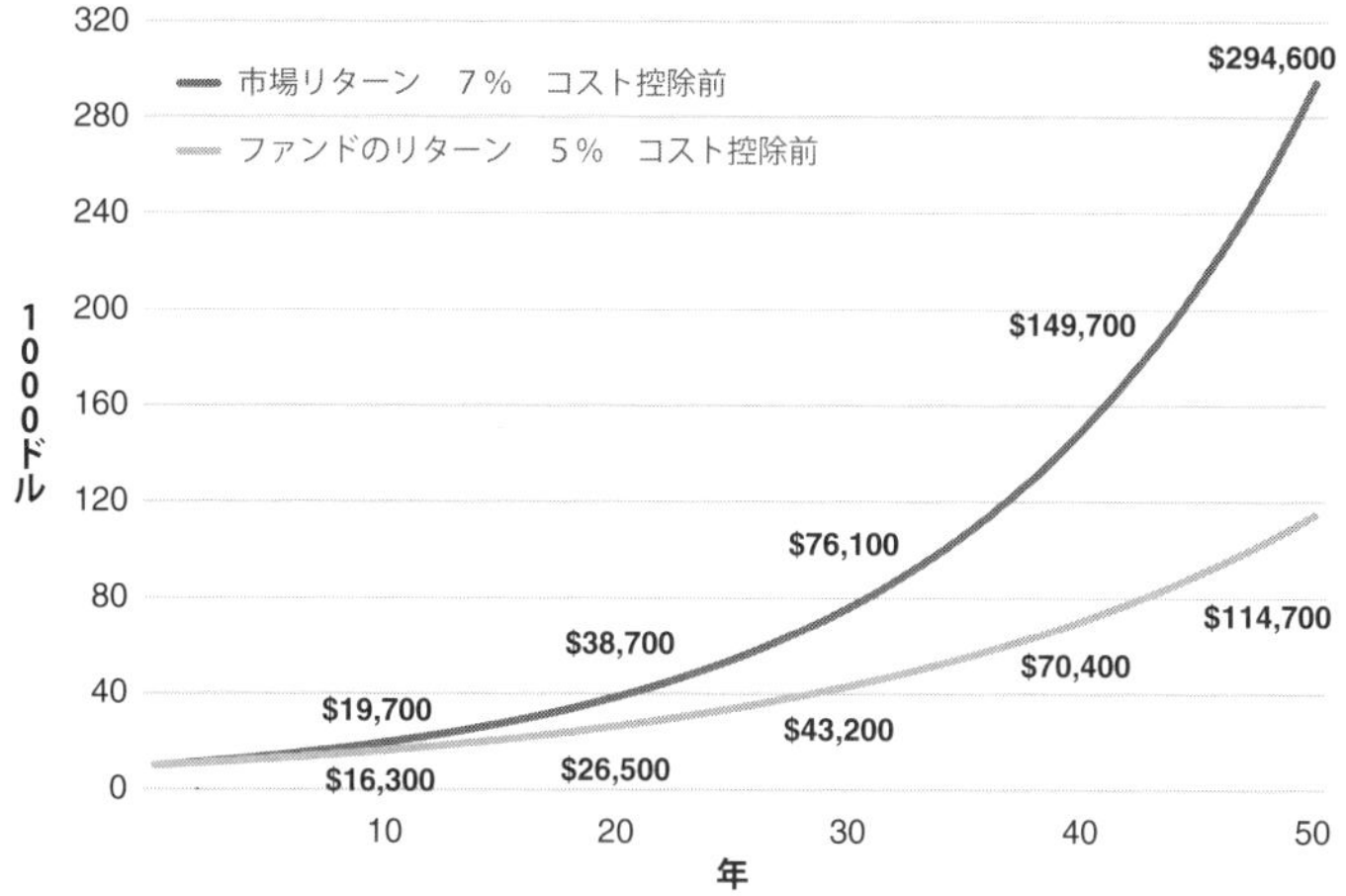

以上の前提に基づいて、一万ドルを五〇年間投資することで得られるリターンを見てみよう（**図表４－１**）。名目年間リターンを七％とすれば、ただ株式市場に投資しただけで二九万四六〇〇ドルとなる。なぜだろうか。投資期間にわたる複利のマジックである。当初は、年利五％の増大を示す線も株式市場の成長を示すそれとさして変わらないように見える。

しかし、二つの線はゆっくりと乖離を始め、最終的には驚くほどの差異になる。五〇年という期間が終わるまでに、積み上げられたファンドの価値はたった一一万四七〇〇ドルであり、驚くべきことに、市場それ自体がもたらした累積リターンに一七万

図表4－2　複利という暴君――2%市場に負けることの長期的な影響

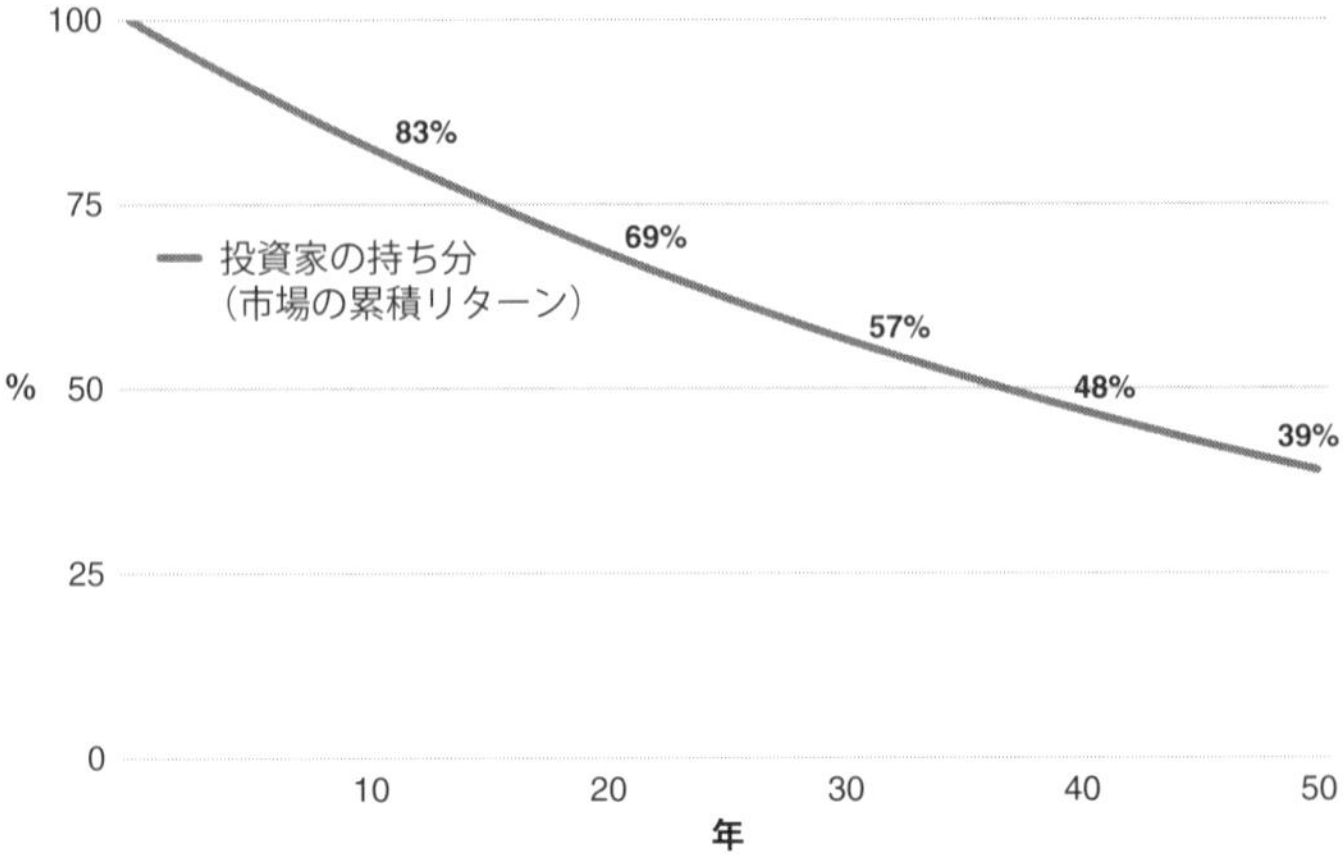

九九〇〇ドルも及ばないのだ。なぜだろうか。複利という暴君が全期間を通じて犠牲を払わせたからである。

投資の分野では、時がすべてを解決するのではない。すべてを悪化させるのだ。**リターンについては時間が友となるが、コストについては敵になる。**投資した一万ドルの価値が年を経るごとにどれだけ損なわれていくかを見れば、それははっきりする（図表4－2）。

一年目の終わりまでには、たった二％ほどしか資本の潜在価値は毀損しない（一万七〇〇ドル対一万五〇〇ドル）。一〇年目までには、一七％が消える（一万九七〇〇ドル対一万六三〇〇ドル）。三〇年目には、四三％毀損する（七万六一〇〇ドル対四万三二〇〇ドル）。

そして、五〇年の投資期間が終えるまでには、市場ポートフォリオを保有してさえいれば手に入った累積リターンの実に六一％がコストに食われ、投資家の手に残るのはたった三九％となる。

資本を一〇〇％投じ、リスクを一〇〇％引き受けているのに、獲得できるのは、潜在的リターンの四〇％にも満たない。

この例では、資本を一〇〇％投じ、リスクを一〇〇％引き受けた投資家は、潜在的な市場リターンの四〇％未満しか手にできないことになる。資本をまったく投じることなく、また引き受けるリスクもゼロ％であるわが国の金融仲介業者が本質的にはリターンの六〇％をかすめ取っているのだ。

改めて記そう。けっして忘れないでほしい。この例で分かることは、長期的には複利**リターン**という奇跡は、複利の**コスト**という暴君に凌駕されてしまう、ということだ。前述の簡単な計算という冷徹なルールにこの数学的確かさを付け加えてほしい。

簡潔に記せば、投資の食物連鎖の頂点に立つ、わが国の資産運用会社は、金融市場がもたらすリターンから過大な取り分をかすめ取ってきたのだ。否応なく食物連鎖の底辺にいるファンドの投資家たちには、衝撃的なほど少ない取り分が残されるばかりである。彼らはS&P五〇〇に連動する、簡潔にして費用の極めて低いインデックスファンドに投資さえしていれば、これらの損失を負わずに済んだのである。

投資の成功と失敗とを分けるのは、コストである。

要するに、投資にまつわる簡単な計算、つまり投資コストという論理的で不可避かつ厳格な報いが、投資信託の投資家が獲得するリターンを破壊してきたのだ。ブランダイス判事の言葉を拝借すれば、わが国の投資信託の販売業者たちは、投資家は株式市場のリターンを一〇〇%獲得できるという**「妄想で頭がいっぱい」**であり、その妄想を投資家に押しつけているのである。

ファンドの売り手が、一九〇〇年以降の株式市場のヒストリカルリターンは年利九・五%であると言い、二%のファンドのコストと三%のインフレを無視している場合、彼らは、投資家は費用控除後の現実的なリターンが九・五%であると期待してよいと言っているわけだ。言うまでもないことだが、それは違う。自分自身で計算してみればよい。投資家が手にする本当のリターンは（ご推察どおり）たった四・五％である。

ファンドの投資家には公平な扱いを受ける価値がある。

ファンド業界が投資家を公平に扱い、彼らにもたらすリターンの純額を向上させなければ、業界は低迷し、やがては崩壊するであろう。つまり、簡単な計算という冷徹なルールの犠牲となるのだ。本書を手に取る読者を見れば、ブランダイス判事はこう警告を発することであろう。**「おぉ、見知らぬ人よ、覚えておいてほしい。計算は科学の始まりであり、安全の母なのだ」**

投資の成功と失敗とを分けるのは、コストである。だからこそ、鉛筆を削って、計算をしてみてほしい。そして、個人投資家や投資信託の受益者の大半が取り組んでいるような過剰に活発な運用ゲームに引き込まれていないことを確認してほしい。それがプラスであれマイナスであれ、企業が稼ぎ出し、株価や配当を通じてもたらすリターンの公平な分け前を手にすることを保証するのは、コストの低いインデックスファンドである。

私の言葉だけを信じる必要はない

インデックスファンド生来の優位性は投資信託業界内部の人間も（おそらくは渋々ながら）広く認めているところである。一九七七～一九九〇年まで、フィデリティ・マゼラン・ファンドをあれほどの成功に導いた伝説のファンドマネジャーのピーター・リンチは引退に際して、バロンズにこう認めざるを得なかった。「S&Pは一〇年間で三四三・八％上昇した。まさにホームランである。一方で、一般的な株式ファンドの上昇は二八三％にすぎない。つまり負けている。ファンドのパフォーマンスはプロたちの手にかかることでひどくなっているのだ。**一般投資家はインデックスファンドに投資したほうが良い結果を得られるであろう**」

＊　＊　＊　＊

インベスト・カンパニー・インスティテュートとオッペンハイマー・ファンズの会長

を務めた業界のリーダーであるジョン・フォッセルがウォール・ストリート・ジャーナルに語った言葉に耳を傾けてみよう。「平均的なファンドは市場全体にはけっして勝てないということを人々は認識すべきである」

＊　＊　＊　＊

非常に活発な投資家でさえも、インデックス運用の価値を認めているようである。ファンドマネジャーにして、ＣＮＢＣのマッド・マネーのパーソナリティも務めるジェームズ・Ｊ・クレイマーの言葉である。「生涯にわたって銘柄選択をしてきたが、インデックス運用を推奨するボーグルの主張を聞くと、彼を打ち負かそうとするよりも、彼に賛成したくなると認めざるを得ない。ボーグルの知恵と常識は、この常軌を逸したような株式市場への投資方法を見いだそうとする者たちには絶対不可欠なものである」（今のところ、クレイマー氏は自身のアドバイスに従っていないようである）

＊　＊　＊　＊

オルタナティブ投資のファンドマネジャーですら、賛成の声を上げている。AQRキャピタル・マネジメントの共同創業者で、資産運用業界の巨人であるクリフォード・S・アスネスは、彼独自の知恵と専門性、さらに誠実さに基づいて、次のように述べている。「時価総額に基づくインデックス運用は、コアというふさわしい地位から追いやられることはないだろうし、投資界の王たるにふさわしい存在である。われわれすべてが頭に入れておくべき存在であり、多くの投資家に低いコストで株式のリターンを提供し続けている……**現在も、そしてこれからも文句なしの王なのだ**」

第5章

もっともコストの低いファンドに集中せよ

――資産運用会社の取り分が増えれば、それだけ投資家が手にするものは減る

ほとんどすべてのファンドの専門家、投資アドバイザー、金融メディア、そして投資家自身が、あらゆる情報を無視して、過去のパフォーマンスだけに基づいてファンドを選択している。しかし、過去のパフォーマンスで分かるのは過去に起きたことであり、これから何が起こるかを知ることはできない。あとで学ぶことであるが、ファンドのパフォーマンスを重視することは生産的でないばかりか、逆効果ですらある。われわれの常識は、心の奥底でこう言っている。**パフォーマンスとは上昇したり下落したりするものだ**、と。

しかし、しばし無視されるのだが、ファンドのリターンを形成する重要な要素として知っておくべきものがひとつある。はかなくも消えゆく過去のパフォーマンスではなく、いつまでも続くもの、もっと適切な表現をすれば、ファンド業界の長い歴史を通じて、ファ

ンドのリターンを形成し続けてきた要素に焦点を当てることで、勝てるファンドを選択することができるのだ。その要素とは、投資信託を保有するコスト、である。コストは永遠にかかり続けるのだ。

ファンドのパフォーマンスは上昇したり下落したりするものだ。コストは永遠にかかり続ける。

では、そのようなコストとは何であろうか。第一の、もっともよく知られているのがファンドの経費率で、これは時間が経過してもほとんど変わらない。資産が増大するにつれて費用の比率を下げるファンドも存在するが、その軽減率はたいていの場合かなり控えめなもので、コストの高いファンド（もっともコストの高い十分位に属するファンドの平均的な経費率は二・四〇％）は高いままであるし、コストの安いファンド（第4十分位の平均経費率は〇・九八％）は安いままであり、ごくまれに存在する極めてコストの低いファンド（もっともコストの低い十分位の平均経費率は〇・三二％）は、極めてコストが低いままである。第5十分位や第6十分位に属するファンドの平均コスト（一・一〇％と一・

二四％）も、それぞれの範囲にとどまる傾向にある。

株式ファンドを保有するときの二つ目の大きなコストは、購入時に支払う購入時手数料である。購入時手数料という重荷は、公開データではほとんど必ずと言っていいほど無視されているが、これもまた根強いものである。ロードファンドがノーロードとなることはめったにないし、そのまた逆も真なりである（購入時手数料は近年使われなくなっており、ファンドの経費率を著しく増大させる「スプレッドロード」に取って代わられている。たとえば、最大規模の投信販売業者が販売するクラスA受益証券は二〇一六年に五・七五％の購入時手数料がかかり、経費率は〇・五八％となっていた。現在、販売業者は新しいクラスTというファンドの受益証券を販売しており、これには購入時手数料が二・五％かかるが、投資家が当該証券を保有するかぎり、年に〇・二五％が年間マーケティング費用として徴収される。この年間費用によって、ファンドの経費率は〇・八三％程度まで増大することになる）。バンガードが前例のない第一歩を踏み出した一九七七年以降、大きな投信会社でロードファンドを即座にノーロードファンドへと切り替えた例はないと記憶している。

ファンドの投資家が負担する第三のコストは、ポートフォリオに含まれる証券を売買するコストである。これらの取引にはコストがかかる。銘柄の入れ替えにかかるコストは売り買いそれぞれに〇・五％程度と見積もっているが、これはポートフォリオを一〇〇％回転させれば、毎年預かり資産の一％ほどのコストが投資家にかかるということだ。同様に、五〇％回転させれば、ファンドのリターンに対して年に〇・五％ほどの負担となる。一〇％回転させれば、コストは〇・一〇％となる。

大まかな目安として、ファンドの回転にかかるコストは回転率の一％である。二〇一六年、株式投信によるポートフォリオの株式の売買高は六兆六〇〇〇億ドルに上るが、これは平均的な株式投信の資産八兆四〇〇〇億ドルの実に七八％にもなる。競争があるなかで、これだけのトレードを行えば、そのコストは六六〇億ドルほどになり、年間コストとしてはファンドの資産の〇・八％に相当することになる。

コストは巨額だが、無視されることが多い。

ファンドのコストを比較するとき、たいてい経費率ばかりが注目されるが、コストの高いファンドのリターンは一様に低いものとなっている。このパターンは、株式ファンド全体だけでなく、モーニングスターによる九つの分類すべて（大型、中型、小型、さらにこれら三つはそれぞれグロース、バリュー、ブレンドに分類される）に当てはまる。

ファンドのポートフォリオの回転率など追加コストを勘案している第三者機関による比較は極めて少ないが、そこでも同様の関係が見られる。回転率がもっとも低い四分位に属するファンドは回転率がもっとも高いそれよりも一貫してパフォーマンスが優れており、これはファンド全体でも、九つのそれぞれの分野でも同じである。

これら予想される売買コストをそれぞれのファンドの経費率に加えれば、ファンドのコストとリターンの関係はまったく驚くべきものになる。二つのコストを勘案すれば、**図表5－1**に示すとおり、アクティブ運用の株式ファンドの全年間コストは、もっとも低い四分位で預かり資産の〇・九％、もっとも高いそれで二・三％となる（ここでは購入時手数料を無視しているので、各四分位のファンドがもたらすリターンの純額は水増しされている）。

コストは非常に重要である。

コストこそが重要なのだ。**図表5－1**では、もっともコストの高い四分位に属するファンドともっとも低いそれの平均経費率に一・四％もの差があることが示されている。このコストの差こそが、コストのもっとも低いファンドが、コストのもっとも高いファンドよりもリターンの点で優位であることを説明している。過去二五年間で、コストのもっとも低いファンドの平均年間リターンの純額は九・四％であったが、コストのもっとも高いファンドのそれは八・三％であり、コストを最小化するだけで獲得できるリターンが増大するということである。

また、各四分位において、ファンドが公表しているリターンの純額にファンドのコストを足し戻すと、各分野がもたらす年間の総リターンは実質的には同じであることに注目してほしい。それら総リターン（コストを差し引く前）は狭い範囲に収まるのだ。コストのもっとも高い四分位で一〇・六％であり、コストのもっとも低いそれが一〇・三％である。これは予想どおりの結果だ。つまり、**各四分位において、ファンドがもたらす年間リターンの純額の差はコストが主たる要因なのである**。

もうひとつ重要な差異がある。コストが増大すると、それだけリスクが高まるのだ。年間リターンのボラティリティを、リスクを測る基準とすれば、コストのもっとも低いファ

図表5－1　株式投資信託のリターンとコスト（1991～2016年）

	年利							
		コスト						
コストの四分位	総リターン	経費率	回転率（推定）	総コスト	純リターン*	累積リターン	リスク**	リスク調整済みリターン
1（コストがもっとも低い）	10.3%	0.71%	0.21%	0.91%	9.4%	855%	16.2%	8.9%
2	10.6	0.99	0.31	1.30	9.3	818	17.0	8.4
3	10.5	1.01	0.61	1.62	8.9	740	17.5	7.8
4（コストがもっとも高い）	10.6	1.44	0.90	2.34	8.3	632	17.4	7.4
500インデックスファンド	9.2%	0.04%	0.04%	0.08%	9.1%	783%	15.3%	9.1%

* この分析では、対象となる25年間運用を継続したファンドのみを対象としている。それゆえ、これらのデータには生存者バイアスがかかっており、株式ファンドがもたらしたリターンは大幅に水増しされている

** 年間リターンの標準偏差

ンドのリスク（平均ボラティリティは一六・二％）は、コストのもっとも高いファンドのそれ（同じく一七・四％）よりもはるかに小さいのだ。このリスクの減少を考慮すると、コストのもっとも低い四分位に属するファンドのリスク調整済み年間リターンは八・九％となり、コストがもっとも高い四分位の七・四％よりも一・五％も高いものとなるのだ。

再び複利のマジック。

リスク調整済みリターンが年間一・五％高いと言っても、それほど大きなものとは思われないかもしれない。しかし、この年間リターンを長期にわたって複利運用したら、差額の累積は驚くほどの大きさになる。当該期間の複利リターンは、コストがもっとも低いファンドで八五五％、もっとも高いファンドで六三二％と、三五％以上の差があるが、この優劣のほとんどはコストの差に起因するものである。計算という冷徹なルールとはまさにこのことである。

別の言い方をすれば、もっともコストの低いファンドの最終的な価値は当初の投資額の八倍以上に膨れ上がるが、コストのもっとも高い四分位に属するファンドのリターンは六倍程度である。「コストの低い池で釣り」をすることでリターンは増幅し、しかも大幅に増大するのだ。改めて記そう、コストこそが重要なのである。

ファンドのコストの重要性を誇張しているだろうか。そうとは思わない。次に引用するモーニングスターで評判のアナリストの言葉は私の結論を裏づけて余りあるものである。

投資信託の世界で確実なことがあるとすれば、それは経費率こそがより良い判断の一助になるということだ。検証されたあらゆるデータや期間において、コストの低いファンドはコストの高いファンドよりも優れたパフォーマンスを示している。経費率は、パフォーマンスを予測する強力な要素なのだ。あらゆる期間のあらゆるアセットクラスで、もっともコストの低い四分位に属するファンドは、コストの高い四分位に属するファンドのほとんどを凌駕する総リターンを上げている。投資家は、経費率をファンド選択の第一の基準とすべきである。経費率はもっとも信頼に足る、パフォーマンス予測の材料であり続けるのだ。もっともコストの低い四分位または次に安いそれに属するファンドに集中することから始めればよい。さすれば、成功への道を歩むことになるであろう。

コストこそが重要である、としたこの力強い主張に納得し、コストがもっとも低いファンドのなかから選ぶことに決めたとしても、アクティブ運用のファンドに限定することとなどない。伝統的なインデックスファンド（ＴＩＦ）がもっともコストが低く、その費用も当該期間でたった〇・一％にすぎないのだ。考慮しなければならないような取引コストもないので、すべての費用がたった〇・一％なのである。Ｓ＆Ｐ五〇〇インデックスファンドの総リターンが年九・二％であるから、リターンの純額は九・一％となる。負っているリスクもコストで分類したどの四分位のファンド（ボラティリティは一五・三％）よりも低いので、リスク調整済みの年間リターンも九・一％であり、累積リターンももっともコストの低い四分位に属するファンドを年〇・二％上回ることになる。

資産運用会社が何も手にしなければ、投資家はすべて、つまり市場リターンを手にすることになる。

> コストの低いインデックスファンド。

注意　アクティブ運用の株式ファンドは、その期間存続できるだけの優れたパフォーマンスを上げたものだけがデータに含まれることになるため、そのリターンが常に誇張されていることを知れば、九・一％というインデックスファンドの過去二五年のリスク調整済みリターンは、いっそう驚くべきものとなろう。この「生存者バイアス」を調整すると、平均的な株式ファンドのリターンは九・〇％からおよそ七・五％まで低下する。

さらに、インデックスファンドを選択すれば、市場という干し草から希少な針を探し出す必要などなくなる。この干し草よりも優れたパフォーマンスを上げるアクティブ運用のファンドなどごくごくまれであり、彼らがパフォーマンスを上げる手法が向こう数十年にわたって有効であることなど、たいていの場合、かなわぬ望みなのだ。

モーニングスターが指摘するとおり、投資家が将来、優れたパフォーマンスを示すファンドを選びだし、パフォーマンスに劣るファンドを回避するために、たった一つの要素に頼るとしたら、それはファンドのコストということになる。それがこのうえなく明白であることは、過去の記録が示すところである。**資産運用会社や証券会社の取り分が増えれば、それだけ投資家が手にするものは減る。**同様に、資産運用会社や証券会社が何も手にしなければ、投資家は**すべて**（すなわち、株式市場のトータルリターン）を手にすることになるのだ。

私の言葉だけを信じる必要はない

一九九五年までさかのぼるが、現在CNBCビジネスニュースの編集長を務めるタイラー・マシセンは、投資信託のコスト（経費率、売買コスト、および不要な税金）が、受益者が手にするリターンを損なうにあたって重要な役割を果たしていることを指摘した最初のジャーナリスト（一番初めではなくとも）の一人と言えよう。当時、マネー誌の編集長であったマシセンは、コストが低く、回転率も低く、節税効果もあるインデックスファンドの優位性を認めたのである。

「およそ二〇年間、バンガード・グループの辛辣な会長であるジョン・ボーグルは、市場指標のパフォーマンスに連動させることを目的とした退屈なポートフォリオであるインデックスファンドの価値を説いてきた。その間、何百万もの投資家（多くの金融ジャーナリストがこのなかに含まれるのは言うまでもない）が基本的には彼を無視してきた。

　確かに、年間にかかる経費の低さや、回転を最小限に抑えることで取引コストがわずかであることなど、インデックスファンドの本質的な利点をわれわれも認識している。さらに、インデックスファンドの運用会社はアクティブ運用のファンドの運用会社ほど頻繁に含み益を実現させたりしないので、受益者が国に支払う税金も少なくて済む。確かに、これら三つの優位性は、ドミンゴ、パバロッティ、カレーラス並みの衝撃的なトリオである。

　なぁジャック、俺たちが間違っていたよ。君が正しい。大部分の投資家の株式や債券のポートフォリオについて言えば、平均的で良しとすることで十分である。実際に、インデックスファンドを通じてベンチマークに等しいリターンを狙うことで、受益者が典型的なアクティブ運用の株または債券ファンドよりも高いパフォーマンスを手にする可能性が高まる場合が多い。これこそ、今日の投資信託のパラドックスである。平均的であろうとすることが、平均を上回る最良の方法なのである。

　われわれは、時に厄介で、常に挑発的で、セント・ジャックのように敵味方から知られるファンド会社の重役に同意することになった。ほとんどの投資家のファンドのポートフォリオでは、インデックス運用をコアとすべきである。君に乾杯だ、ジャック。君が小冊子のなかで最近やったように、宣言するとよい。**インデックス運用の勝利である、と**」

ありがとう、タイラー！

第6章

配当は投資家の最良の友なのか
――だが、投資信託はあまりに多くの配当をかすめ取っている

配当利回りは、株式市場がもたらす長期的リターンの重要な一部である。実際に、一九二六年（S&P五〇〇指数の包括的なデータが入手できる最初の年）以後、配当による平均年間リターンは四・二％であり、当該期間における株式市場の年間リターン一〇％の実に四二％を占めている。

驚きの事実。

長期にわたり複利運用されることで、配当が市場の上昇にもたらす寄与は信じられないほどのものとなる。配当を除いた場合、一九二六年一月一日にS&P五〇〇に投資した一

図表6－1　S＆Pのリターンとトータルリターン

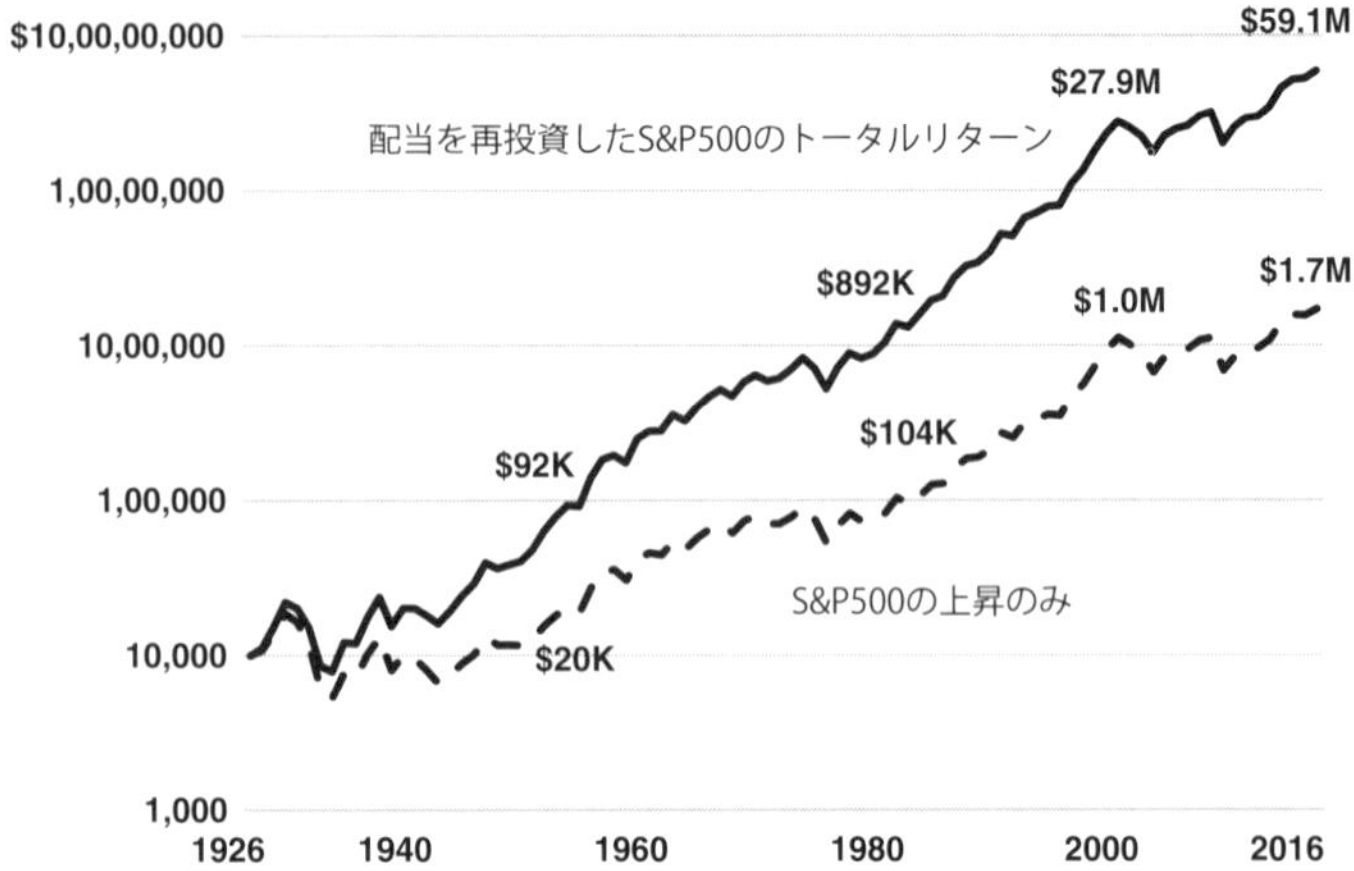

万ドルは、二〇一七年が始まるまでに一七〇万ドル以上に膨れ上がる。しかし、配当を再投資すると、投資資金はなんと、およそ五九一〇万ドルにもなるのだ。「市場価格の上昇だけ」と「配当を再投資したトータルリターン」との間に生まれる五七四〇万ドルという驚くべき差額は、またもや「コストのかからない複利というマジック」が反映されただけのことである（**図表6－1**）。

S＆P五〇〇の一株当たりの年間配当額は驚くほど安定している（**図表6－2**）。一九二六年からの九〇年間で、大きく減少したのは三回だけである。①大恐慌（一九二九～一九三三年）の初めの年に五五％の減少、②大恐慌の余波が残る一九三八年に三六％の減少、

図表6－2　S&P500——1株当たり配当

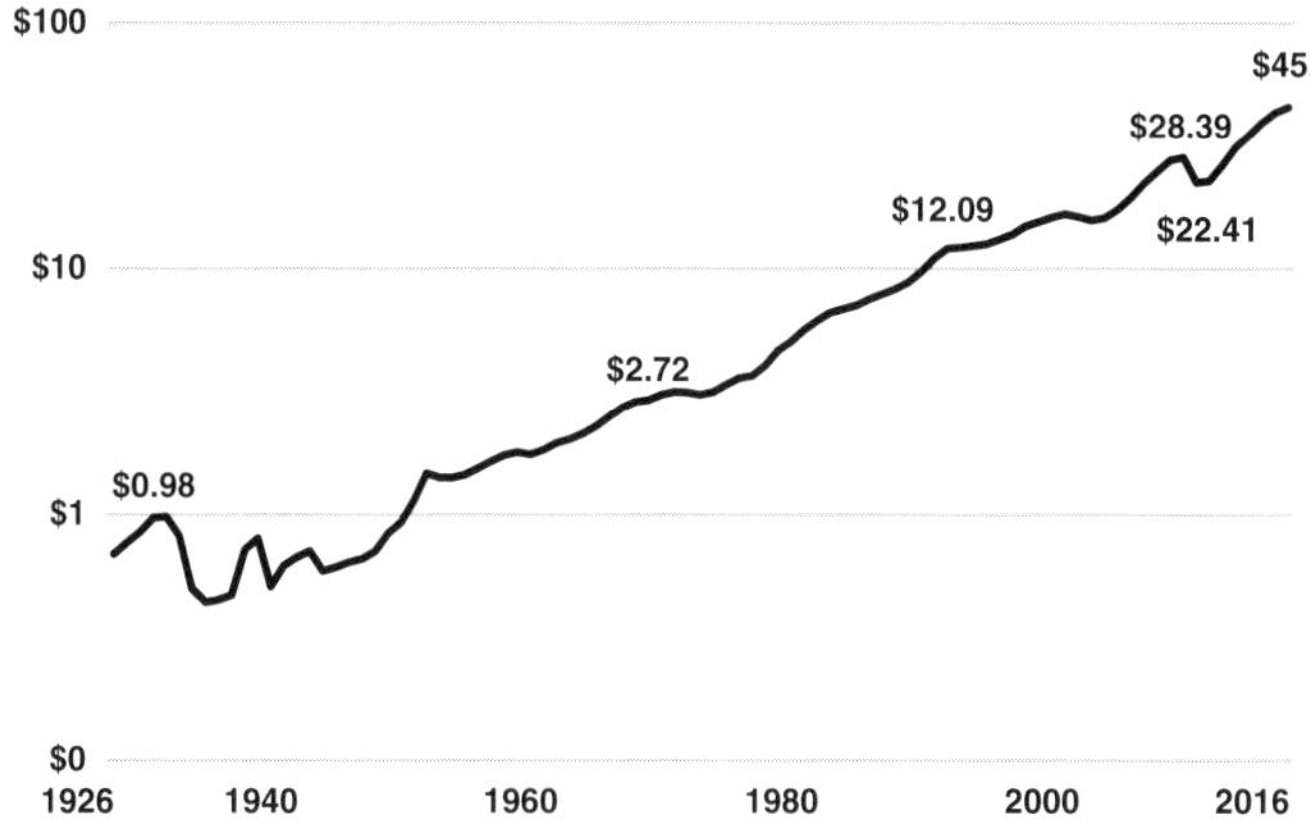

③二〇〇八～二〇〇九年の世界的な金融危機時に二一％の減少。この直近の減少は、銀行が配当を減少させざるを得なかったことが主因である。S&P五〇〇指数の一株当たりの配当は、二〇〇八年の二八・三九ドルから二〇〇九年には二二・四一ドルまで減少したが、二〇一六年には四五・七〇ドルという新高値を付けた。これは、二〇〇八年のピークを六〇％も上回るものである。

投資信託のファンドマネジャーは配当収入を重視していない。

配当を長期間複利運用することの明白な力

と、企業による比較的安定した配当の支払いとを考えれば、アクティブ運用の投資信託は配当収入を重視してしかるべきであろう。

しかし、そうではないのだ。なぜなら**投資信託の運用委託契約では、配当収入ではなく、一貫してファンドの純資産に基づいて運用管理費用（信託報酬）を徴収するからである。**株式市場の配当利回りが低いときは（近年はそうである）、ファンドが獲得する配当収入の多くをファンドの経費が食いつぶしてしまう。

その結果、株式ファンドが手にする配当金のうち経費で消えてしまう割合は唖然とするほどである。「唖然」という言葉は誇張ではない。アクティブ運用のグロースファンドでは、実際に経費がファンドの収入を一〇〇％費消してしまうのだ。アクティブ運用のバリューファンドでは、経費に費消されるファンドの収入は五八％である。

アクティブ運用のファンドと、同等のインデックスファンドとは著しい対照をなす。二〇一六年、同等のバリューインデックスファンドの経費が費消したファンドの収入は二％であり、コストの低いグロースインデックスファンドの経費でもたった四％を費消したにすぎないのだ（**図表6－3**）。

図表６－３　配当利回りとファンドの経費（2016年）

	総利回り	経費率	純利回り	経費によって費消された総利回りの割合
アクティブ運用のファンド				
グロースファンド	1.3%	1.3%	0.0%	100%
バリューファンド	2.1	1.2	0.9	58
コストの低いインデックスファンド				
グロースファンド	1.4%	0.1%	1.3%	4%
バリューファンド	2.5	0.1	2.4	2

出所＝モーニングスター

アクティブ運用の株式ファンドは配当収入をかすめ取っている。

配当が長期的リターンに大きな影響をもたらすにもかかわらず、読者もほかのほとんどの投資家同様、驚くべきことに配当収入がかすめ取られていることを知りもしないであろう。では、どうすれば分かるのか。それらのデータはファンドの財務諸表から算出することはできるが、それらの財務諸表が完全かつ明快で、正直に情報開示されていることはほとんどない。

それならば、コストの低いインデックスファンドを検討すればよいではないか。アクテイブ運用のためのファンドマネジャーを必要とせず、年間の経費率も〇・〇四％と低く、ファンドの配当収入を公平に分配し、前述したような助言者たちを通じて株式を売買することはないと言ってもよい、インデックスファンドを検討すればよいではないか。第13章では、この考えをさらに掘り下げていく。

私の言葉だけを信じる必要はない

「ディビデンド・グロース・インベスター（Dividend Growth Investor）」という名で活動しているブロガーが、配当の重要性に関する私のメッセージに気づき、配当に対する私の考え方に同調する記事を書いてくれた。

「ジョン・ボーグルは投資界のレジェンドである。……彼の本は何冊も読んだが、彼の簡潔なメッセージを楽しんだ。コストを低く抑え、回転率を低く抑え、最後までやり遂げ、簡潔であり続けろ、というボーグルのメッセージを気に入っている。このアドバイスを目にした瞬間から気に入っているのだが、……ボーグルの配当に関するアドバイスは特に好きである。

ボーグルは、配当収入に注目し、株価の変動は無視しろと主張している。彼は、株式市場は認知のゆがんだ狂気の世界であり、投資家は配当から目を離してはならないと指摘している。……

彼は正しくも、配当には長期的になだらかな上昇トレンドがあることを指摘している。そのため、配当金は引退した者にとっては信頼に足る、理想的な収入源となるのだ。……ボーグルはまた、配当は保証されたものではないが、減少したことは過去に数回にすぎないとも述べている。……

あきらめることなく、配当に注目し、投資コストを低く維持し、株価を無視しろという彼のメッセージ全部が本当に好きだ。彼はまた物事を簡潔に保つことの価値を信じてもいる。ボーグルは、一〇～一五のアセットクラスからなるポートフォリオを構築しようとする今日の慣習に反対している。彼らがそうする唯一の目的は、欲深い資産運用会社が手にする手数料を生み出すために複雑にすることである。簡潔に保つ、ということは株式や債券を保有する、ということだ。それはまた、夢中になりすぎて、流行のアセットクラスを取り込んだりしない、ということでもある。それらアセットクラスの効果など、コンピューターによる過去データの操作で示されたものにすぎないのだ」

第7章

大いなる幻想

――うわぉー、投資信託が公表しているリターンを投資家が手にすることはめったにない

第4章で見てきたとおり、フィデリティのピーター・リンチや、ＩＣＩ（インベストメント・カンパニー・インスティチュート）の元会長ジョン・フォッセル、マッド・マネーのジェームズ・クレイマー、ＡＱＲのクリフォード・アスネスなど業界内部の人物が私に同意してくれているのは喜ばしいことである。典型的な株式投信がもたらすリターンは、Ｓ＆Ｐ五〇〇に連動するインデックスファンドという手段で株式市場を保有するだけで得られるリターンに比べると不十分であると言わざるを得ないのだ。

しかし、ファンドの投資家が、これら不十分な投資信託のリターンを一〇〇％獲得していると考えるのは大いなる幻想である。単なる幻想というばかりか、ずいぶんと気前の良い幻想である。現実はそれよりもかなりひどいものだ。資産運用会社がそのサービスに対

して徴収する大きなコストを支払うことに加え、受益者たちはさらに大きな追加コストを支払っているのだ。本章では、その理由を説明していこうと思う。

資産運用会社は、通常、ファンドごとに計算した伝統的な時間加重のリターンを公表している。これは、すべての配当収入とキャピタルゲインの再投資分を調整したファンドの基準価額の変化である。過去二五年間で平均的な投資信託は年七・八％のリターンを上げているが、これはS&P五〇〇の九・一％というリターンよりも一・三％低いものである。しかし、このファンドのリターンは、平均的なファンドの投資家が手にするリターンではない。彼らが手にするリターンはさらに低いものとなるのだ。

ヒント――資金は優れたパフォーマンスのあとに流入し、悪いパフォーマンスのあとに流出する。

平均的なファンドの投資家が獲得するリターンを確かなものとするためには、投資家がファンドに出し入れする資金移動の影響を考慮した、金額加重リターンを考えなければならない。

極端な例を挙げてみよう。一億ドルの資産を持つファンドがある年度に純資産に対して三〇％の時間加重リターンを上げ、その大きなリターンに気づいた投資家が、当該年度の最終日に一〇億ドル相当の受益権を取得したとする。すると、投資家が獲得する金額加重平均リターンはたった四・九％となる（ヒント――資金は優れたパフォーマンスのあとに流入し、悪いパフォーマンスのあとに流出する）。

過去四半世紀にわたり、伝統的な方法で算出したファンドのリターンと実際に投資家が獲得したリターンとを比較すると、平均的なファンドの投資家が手にしたリターンは、平均的なファンドが公表している年率七・八％ではなく、年率六・三％であることが判明した。これは、ファンドのリターンよりも一・五％も低いものである。

インデックスファンドの投資家も市場の上昇に誘われはするが、それでも八・八％のリターンを獲得しており、それはファンドのリターンからたった〇・二％少ないだけである。つまり、過去二五年間において、S＆P五〇〇指数が九・一％の年間リターンをもたらし、平均的な株式投信が七・八％の年間リターンを上げるなかで、平均的なファンドの投資家はたった六・三％しか手にしていないのである。

コストと投資家の行動という二つのペナルティ。

全期間を通じて複利運用すると、平均的なファンドがそのコストゆえに負担しなければならない年一・五％というペナルティは巨額なものとなる。誤ったタイミングと逆淘汰という二つのペナルティによって、その額はさらに大きくなるのだ。

図表7−1は、一九九一年にコストの低いS&P五〇〇インデックスファンドに投じた一万ドルが七万七〇〇〇ドルの名目（インフレ調整前）利益を上げた様子を示している。平均的な株式ファンドの利益はたった五万五五〇〇ドルで、これはインデックスファンドの利益の七二％にすぎない。平均的なファンドの投資家が獲得する複利リターンは三万六一〇〇ドルと、シンプルなインデックスファンドの投資家が獲得する七万三一〇〇ドルの五〇％にも満たない。なるほど、ペナルティである。

インフレを考慮すれば、これらの金額の価値は低減する。インフレ率を年平均二・七％とすれば、インデックスファンドの実質リターンは年六・二％まで低下するが、平均的なファンドの投資家が手にする実質リターンはたった三・六％まで急落する。累積の価値にすれば、インデックスファンドが三万四五〇〇ドルとなるのに対し、ファンドの投資家の

図表7－1　S&Pインデックスファンドと平均的な大型株ファンド――1万ドルの初期投資が獲得する利益（1991～2016年）

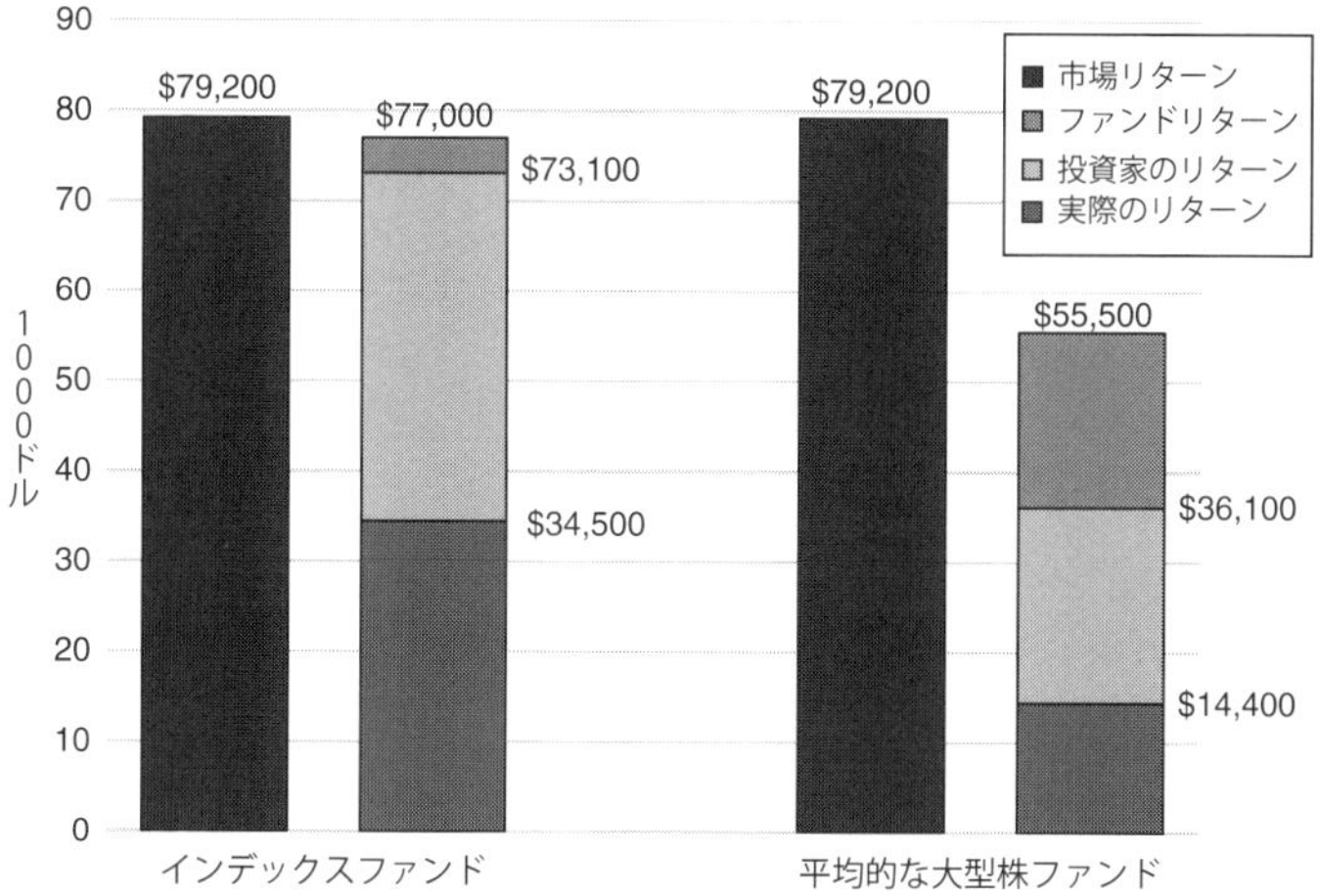

それはたった一万四四〇〇ドルである。正直言って、これほどの差は想像しがたいのだが、真実は真実である。

ファンドの投資家が手にするリターンがファンドのリターンにまるで及ばないことはデータが明らかにしているが、その不足分を正確に把握する術がない（この差額は、モーニングスターが発表する平均的な大型株ファンドの時間加重リターンと、過去二五年間の金額加重リターンの差に基づいて算出されている）。しかし、株式市場、平均的なファンド、そしてその受益者が獲得するリターンを検証するときのポイントは、**その正確性ではなく、その方**

向性である。

どれほど正確なデータを用いても、①平均的な株式ファンドの長期的リターンはそのコストゆえに、株式市場に大きく水をあけられている、②平均的な株式ファンドの投資家が手にするリターンはインデックスファンドの半分以下である――ことが証明されている。

軽率な楽観主義と欲に刺激され、投信販売業者の巧みな誘惑にそそのかされることで、投資家は強気相場の高値で株式ファンドに資金を投じるのである。

この二つ目に挙げた驚くべき差額の原因は何であろうか。簡潔に言えば、逆効果のマーケットタイミングとファンドの逆選択である。第一に、株式ファンドに投資している受益者は重たいタイミングのペナルティを支払っている。彼らは、株式が優れた価値を示していた一九八〇年代から一九九〇年代初頭にかけては、その貯蓄を株式ファンドに投じることはほとんどなかった。その後、強気相場がそのピークに達するにつれ、軽率な時代の楽観主義と強欲に刺激され、投信販売業者の巧みな誘惑にそそのかされることで、資金の大部分を株式ファンドに投じたのである。

第二に、資金を間違ったタイミングで市場に投じたのみならず、間違ったファンドに投じたことで、選択のペナルティを受けたのだ。間違ったファンドとは、過去に突出した結果を残しながらも、後述するように、その後、下落してしまうものである。なぜだろうか。ファンドの優れたリターンは、ファンドの平均値以下まで戻ってしまう傾向があるからである（RTM、つまり平均回帰性については第11章において論じる）。逆効果のタイミングと誤ったファンド選択の双方によって、投資家は常識が教えるところを実践することができないだけなのだ。

> 投資家の非合理的な感情が投信業界の無責任な宣伝によって強化されれば、良い結果など出るはずもない。

このラグ効果は、驚くほどに蔓延している。二〇〇八～二〇一六年において、もっとも規模の大きい二〇〇の株式ファンドのうち一八六本で、投資家に実際に提供したリターンが彼らに公表したリターンよりも低かったのである。

図表7－2　タイミングと選択のペナルティ――アメリカ株ファンドへの資金流入純額

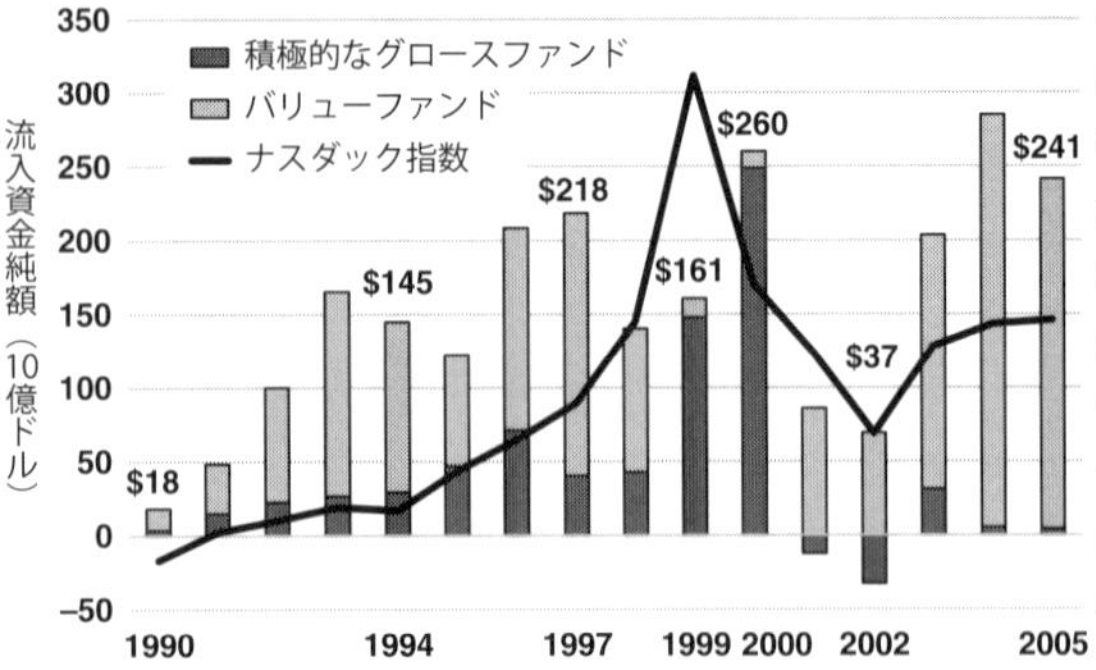

	1990	1994	1997	1999	2000	2002	2005
ナスダック	374	752	1570	4069	2471	1336	2205
積極的なグロースファンドの割合	20%	20%	18%	92%	96%	neg.	2%

このラグは、一九九〇年代後半の「ニューエコノミー」騒動のときが特に顕著であった。当時、投信業界は次から次へとファンドを組成した。その多くが株式市場それ自体よりも大幅に高いリスクを内包したものであったが、もっとも人気のあるファンドが過去に出した目立ったリターンを喧伝したことで問題は悪化した。

　市場の高騰に合わせ、投資家はこれまで以上の資金を株式ファンドに投じた。株式が安かった一九九〇年に彼らが投じた資金は総額で一八〇億ドルにすぎなかったが、株式が大幅に割高となっていた一九九九年と二〇〇〇年には四二〇〇億ドルも投資したのだ（図表7－2）。

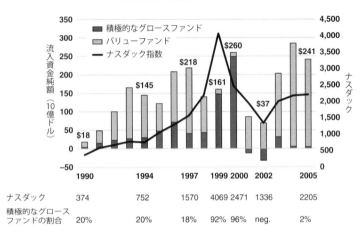

さらに、投資家が選択したほとんどは「ニューエコノミー」ファンド、ハイテクファンド、もっともパフォーマンスの高いグロースファンドであり、より保守的なバリュー重視のファンドは事実上除外されていた。一九九〇年、リスクの高い、積極的なグロースファンドに投じられていたのは彼らの資金のほんの二〇％にすぎなかったが、ファンドのリターンがピークとなった一九九九年から二〇〇〇年初頭にかけては九五％もの資金をそれらのファンドに投じたのである。バブルが崩壊すると、時すでに遅しで、投資家の持ち分は市場が底を打つ直前の二〇〇二年には三七〇億ドル程度までしぼんでしまった。彼らはまた、グロースファンドから資金を引き揚げ、バリューファンドに振り向けたが、これまた時すでに遅しである。

二〇〇八～二〇〇九年にかけての金融危機の際、ファンドの投資家が手にするパフォーマンスは惨憺たるものだったが、その後、回復している。投資家は遠い昔から過去のパフォーマンスを追いかけるだけで、感情やおそらくは欲望が理性を凌駕するに任せているのだ。多くの投資家が金融危機の最中、市場の下落に激しく、そして結局は非合理的に反応し、市場の底値近くで株を手放すのである。株価は底値から二〇一六年の末までに累積で二五〇％も上昇したのに、その投資家たちの多くはこの大幅な回復の一部、または全部を手にすることができなかったのだ。

投資家の感情と投信業界の営業活動が問題を引き起こす。

投信業界そのものが、投資家の感情を刺激し、そのときどきの流行に見合った新しいファンド（過熱気味で投機的であるものが多い）を売り出し、そして積極的にそれらを売り込むことで、問題を大きくしている。非合理的な投資家の感情が、無責任な投資業界の営業活動に刺激されれば、良い結果が生まれようはずがない、と言ってもよいだろう。

近い将来、投信業界が新製品の組成とその営業活動を止めることはできないだろうし、非合理的な近視眼的行動を取る投資家が知恵をつけるまでには時間がかかる（直に経験することが必要である）。しかし、賢明なる投資家たちは、第4章で記した費用を最小化すべしというメッセージだけでなく、感情に流されるな、つまり短期的で、市場に踊らされるような行動を改めよ、というメッセージにも耳を傾けることであろう。

インデックスファンドの長所は、その低い費用だけでなく、期待ばかりで結果が伴わない魅惑的なファンド選びを排除することにある。長期的視点を持ち、株式市場の短期的な雑音をできるかぎり退け、そのときどきのはやりのファンドを避ければ、投資を通じて、良いときも悪いときもインデックスファンドを保有することができるのだ。感情で問題をこじらせる必要などない。投資で成功する勝利の法則は、インデックスファンドを通じて株式市場全体を保有したら、あとは何もしないことである。最後までやり遂げるだけである。

私の言葉だけを信じる必要はない

賢明なるウォーレン・バフェットも私と同意見である。私が四つのＥと呼んでいるものを考えてみてほしい。「株式（Equity）投資家の最大の敵（Enemies）は、費用（Expenses）と感情（Emotion）である」。『アダプティブ・マーケッツ（Adaptive Markets）』の著者であるアンドリュー・ローＭＩＴ（マサチューセッツ工科大学）の教授も同意見で、彼は個人的に「インデックスファンドを買い持ちしている」。

＊　＊　＊　＊

さらに驚くべきことに、最大規模の投資信託会社の創業者であり、ＣＥＯ（最高経営責任者）である人物も、株式取引とアクティブ運用のファンドを精力的に売り込む一方で、個人的には古典的なインデックスファンドを選好しているのだ。なぜ人々はアクティブ運用のファンドに投資するのかと問われたチャールズ・シュワブはこう答えている。「そりゃ楽しいからだろう。……勝ち馬を選ぼうとするのは人間の本性だ。……しかし、平均的な人間である私はどちらかと言えば、インデックス派だ。……高い確率で予測ができるし、……一〇年、一五年、二〇年単位で見ても、パフォーマンスは八五パーセンタイルに入るであろう。何も台無しにすることはないじゃないか」（シュワブ氏の個人的なポートフォリオはほとんどインデックスファンドに投じられている）

＊　＊　＊　＊

好評を得ているハルバート・ファイナンシャル・ダイジェストの編集者であるマーク・ハルバートも同意見だ。「将来が過去の延長であるとすれば、インデックスファンドに投資し、あとは何もしないことで、向こう数十年間は投資家の八〇%を出し抜くことができるであろう。……自制心をもって市場に勝とうとするよりも、優れた行動を取らなければならない。つまり、長期的なインデックスファンドの投資家となるのだ」。ニューヨーク・タイムズの彼の記事の見出しにはこうあった。「買い持ちしろ。そのとおり、だが、持ち続けることを忘れてはならない」

第8章

税金もコストである
――必要以上に国に支払うことはない

われわれは、このような簡単な計算という冷徹なルールから逃れることができない。投資コスト、インフレの大きな影響、非合理的な投資家の行動、そして利益を得られる保証などどこにもない「流行」の投資信託の営業など、論理的で逃れることのできない、長期的なペナルティが市場参加者に課せられるのである。これらが繰り返されることで、投資信託の投資家が蓄積した資本が破壊されてきたのだ。インデックスファンドは、これら隠れたコストがもたらすほぼすべてのペナルティからの優れた防衛策となってきた（もちろん、インデックスファンドの実質リターンも、すべての投資に等しく影響をもたらすインフレという脅威から無傷ではいられない）。

しかし、投資家が実際に手にする純リターンをさらに小さくするもうひとつの、そしてあまりに無視されがちなコストがある。税金である。連邦政府、州、ならびに地方の所得税だ（株式投信の受益権の半分ほどは、個人投資家が全額課税対象となる投資口座で保有している。残りの半分は、ＩＲＡ［個人退職勘定］や社内積立、貯蓄倹約プラン、利益分配制度などの課税繰り延べ口座で保有されている。すべての持ち分が後者に属するのであれば、本章での議論に気を配る必要はない）。ここでもまた、インデックスファンドの優位性が大いに発揮される。事実、ほとんどのアクティブ運用のファンドは税務上、驚くほどに非効率である。なぜだろうか。それらのファンドマネジャーは短期的なことばかりに目を奪われるため、自分たちが運用しているポートフォリオの株式をすごい勢いで繰り返し売買するからである。

アクティブ運用のファンドは、税務上、驚くほどに非効率である。

平均的なアクティブ運用の株式ファンドの売り買いを合わせたポートフォリオ回転率は、今や年七八％にもなっている（売りか買いの一方だけを取り上げる「伝統的」な回転率では三九％）。業界全体で見ると、平均的なアクティブ運用のファンドによる、平均的な株式

の保有期間はちょうど一九カ月である（すべての資産に基づけば、平均保有期間は三一カ月となる）。想像しにくいかもしれないが、一九四五～一九六五年の間は、株式ファンドによる年間の回転率は平均するとちょうど一六％で、ファンドのポートフォリオに含まれる一般的な株式の平均保有期間は六年であった。この回転率の大幅な上昇とそれに伴う取引コストは、ファンドの投資家にはまったく無益なものである。さらに、ファンドが投資家に転嫁する過大な税金による悪影響が事態をさらに悪化させている。

アクティブ運用が税務上非効率であるという状況は、株価が上昇し、ファンドが過剰な売買を続けるかぎり、変わることはない。はっきり言って、かつてはほとんどのファンドマネジャーは長期投資に注力していた。しかし、今や彼らは短期的な投機に注力しすぎである。伝統的なインデックスファンドは正反対の方針を採る。つまり、買ったら「永久に」保有するのだ。インデックスファンドの年間回転率は三％程度の水準にとどまるので、取引コストも極めて小さいか、ゼロとなる。

データを見てみよう。

さて、何章か前に取り残していたことに取り掛かろう。過去二五年間で、平均的な株式ファンドの年間純リターンが七・八％、S&P五〇〇インデックスファンドのそれが九・〇％であったことを思い出していただきたい。アクティブ運用のファンドの高いポートフォリオ回転率を踏まえると、課税対象となる投資家が負うことになる実質的な連邦税は年一・二％となり、税引き前のリターンの一五％にもなる（州税と地方税によってこの数字はさらに膨らむ）。その結果、投資家が手にする税引き後の年間リターンは六・六％まで低下するのだ。

より高いリターンを獲得するにもかかわらず、インデックスファンドの投資家は、その多くを受け取り配当金から得ているので、税額も低いものとなる。極めてコストの低いインデックスファンドは、アクティブ運用のファンドに比べて費消する配当収入が少ないので、配当利回りは高いものとなり、それゆえ配当への課税が大きくなる。

二〇一七年半ば、コストの低いS&P五〇〇インデックスファンドの配当利回りは全体で二・〇％と、平均的なアクティブ運用の株式ファンドの二倍にもなった。一方、連邦税は、インデックスファンドの投資家はおよそ年〇・四五％、アクティブ運用のファンドの投資家は年一・五％で、インデックスファンドの投資家の三倍以上にもなる。

アクティブ運用のファンドは多くの短期的なキャピタルゲインを受益者にもたらしたが、その短期的なキャピタルゲインには長期的なキャピタルゲインよりも高い、通常のキャピタルゲイン課税がなされる。そのことを考えれば、アクティブ運用のファンドの投資家は、インデックスファンドの投資家にはない多くの税金を取られていることになる。

その結果、平均的なアクティブ運用の株式ファンドの税引き後のリターンは年六・六％となり、一方、インデックスファンドの投資家の税引き後のリターンは八・六％となる。一九九一年にアクティブ運用のファンドに投じた一万ドルは複利運用の結果、税引き後で三万九七〇〇ドルとなるが、これはインデックスファンドで得られた六万八三〇〇ドルの六〇％にも満たないものである。アクティブ運用のファンドは停滞し、投資家は二万八六〇〇ドルも失ったことになる（インデックスファンドの投資家も、受益権を売却することで実現したすべての利益に課税されることになる。しかし、投資家が受益権を遺贈すると、税務上の簿価が死亡日の時価まで「増額」されるので、キャピタルゲインが実現せず、課税対象とならない）。

ファンドのリターンは、コストとファンドの逆選択、誤ったタイミング、税金、そしてインフレによって破壊される。

これらマイナス要因のどれか一つを、株式ファンドの「ラクダの背を折ったわら」とするのはためらいを覚える。だが、①高いコスト、（第4章、第5章と第6章）、②投資家の逆選択と逆効果のマーケットタイミング（第7章）、③税金（第8章）――が最後のわらであることは確実である。どう考えても、ラクダの背は確実に折れるのだ。しかし、本当の最後のわらは、インフレである。

名目リターン対実質リターン。

われわれは毎年ファンドのコストを名目値のドルで支払っている。ファンドの費用やファンドのキャピタルゲイン（おまけに、短期間に頻繁に実現される）にかかる税金はまさにこうして支払われているわけだが、蓄積される資産は実質値のドルであり、わが国の経済に組み込まれた生活コストが、嫌が応にも上昇することで価値を損なわれるため、その結果は悲惨なものとなる。

投資信託が投資家に提供する情報では、この影響がしばしば無視されていることには驚きを覚えるし、褒められたものではない。

ここでひとつパラドックスがある。インデックスファンドはキャピタルゲインの管理については、驚くほどの節税効果があるが、配当収入の分配については税務上、比較的非効率であるということだ。なぜだろうか。ファンドのコストがもっとも低いということは、コストの低いインデックスファンドが保有する株式に対して支払われる配当のほとんどすべてが、インデックスファンドの受益者の手に直接渡るということだからである。

私の言葉だけを信じる必要はない

スタンフォード大学の教授で、全米経済研究所の研究員でもあるジョン・B・ジョウビンと、当時、FRB（連邦準備制度理事会）に勤務し、現在はバンガードのプリンシパルであるジョエル・M・ディクソンの論文にある次の一説に目を向けてみよう。「投資信託は、実現したキャピタルゲインを、税の大幅な繰り延べを可能にするような方法で管理することができていない。……バンガード五〇〇インデックスファンドが、実現したキャピタルゲインのすべてを繰り延べることができていたとすれば、税率の高い投資家のなかで九一・八番目のパーセンタイルに位置することになる」（すなわち、すべてのアクティブ運用の株式ファンドの九八％を上回るということである）

＊　＊　＊　＊

また、『ザ・フォー・ピラーズ・オブ・インベスティング（The Four Pillars of Investing）』の著者である投資アドバイザーのウィリアム・B・バーンスタインの言葉に耳を傾けてみよう。「アクティブ運用の投信を保有するというのは概してお粗末な考えであるが、本当にひどいのはそれを課税口座で保有することである。……税金はパフォーマンスを毎年四％も吸い上げる。……多くのインデックスファンドは、受益者が売却するまでキャピタルゲインを分配せずに大きく膨らませることができる。……課税対象となる投資家にとっては、インデックス運用とはけっして後悔しないことなのである」

＊　＊　＊　＊

再びバートン・G・マルキールがインデックスファンドを支持している。「インデックスファンドは……節税効果があり、投資家はキャピタルゲインの実現を繰り延べることができ、また受益権を遺贈すれば完全に課税を逃れることができる。株価が長期的な上昇トレンドを続けるかぎり、株式を売買することはキャピタルゲインの実現に繋がり、課税されることになる。キャピタルゲインの実現を急げば、リターンの純額を大幅に切り下げることになるのだから、税金は金融面での重要な検討課題なのだ。インデックスファンドは株式を売買しないので、キャピタルゲイン課税を回避できる傾向がある」

第9章

良き時代はもはや続かない

――株式市場も債券市場もリターンが下がるという前提で計画を立てるのが賢明

第2章で記した不変の原理を思い出してほしい。長期的には、ビジネスの現実、つまり配当利回りと企業の利益成長とが株式市場のリターンを左右する。しかし、逆説的ではあるが、一九七四年九月二四日にバンガードを設立してからの四三年間だけを考えると、株式市場がもたらしたリターンは、事業が獲得したリターンを上回っており、さらにその期間もアメリカ市場の歴史でもっとも長いものであった。

具体的に言えば、S&P五〇〇指数を構成する上場企業の配当利回りと利益成長は、その期間に八・八%の投資リターンを生み出している（配当利回りが三・三%、利益成長が五・五%）が、トータルリターンは年一一・七%であったのだ（図表9－1）。

市場のリターンのうち、全体の二五%にあたる二・九%は投機的リターンによるもので

図表9－1　累積投資リターンと投機的リターン（1900～2016年）

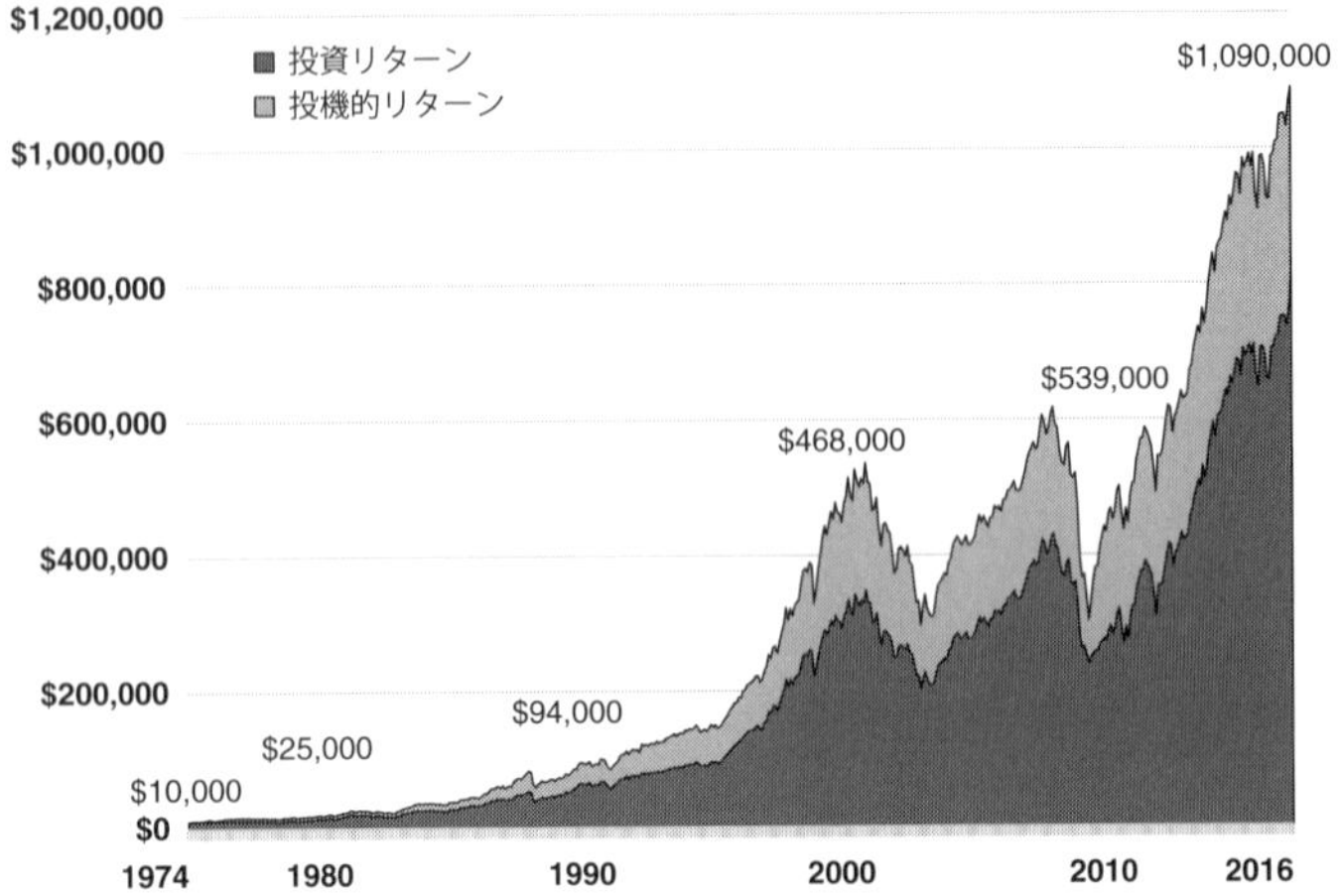

複利運用の驚くべき累積効果

ある。このリターンは投資家が株式のバリュエーションを引き上げていることによるもので、PER（株価収益率）は利益の七・五倍から二三・七倍へと三倍以上も上昇しているのだ（一九〇〇年以降、投機的リターンの市場の年間総リターンへの寄与度を一〇年単位で平均するとたった〇・五％となり、一九七四年以降に投資家が享受したリターンの五分の一ほどにすぎない）。

これらリターンを複利で積み上げていくと、その影響は驚くべきものとなる（**図表9－1**）。四三年間で、当初投じた一万ドルは一〇九万ドルほどになる。この一〇〇万ドル超の累積額のうち、二七万ドルは投機的リターンによるもので、残りの八二万ドルが配当利回りと利益成長によるものである。

確かに、一九七四年九月の七・五倍という著しく低いＰＥＲは、株式市場が五〇％も下落したときの値ではある。深刻な悲観主義と過剰な恐れ、そして心配とが投資家に蔓延していたことを反映したものだ。二〇一七年が幕を開けたが、現在の二三・七倍というバリュエーションが見境のない楽観主義と過信と熱狂が組み合わさったがゆえなのか、それとも新たな現実なのかはまだ分からない。

常識と簡単な計算とが株式市場のリターンが振るわない時期が来ることを教えている。

四〇年以上にわたり、株式投資家は桁外れのリターンを享受してきた。しかし、この間市場がもたらした年間リターンの二五％もが投機的リターンによるものだとすると、これだけのパフォーマンスを継続させるだけのＰＥＲの上昇や向こう一〇年間に株式がもたらす投資リターンのモメンタムを期待するのは非現実的である。一九〇〇年以降の九・五％

図表9－2　過去から将来における株式のトータルリターン

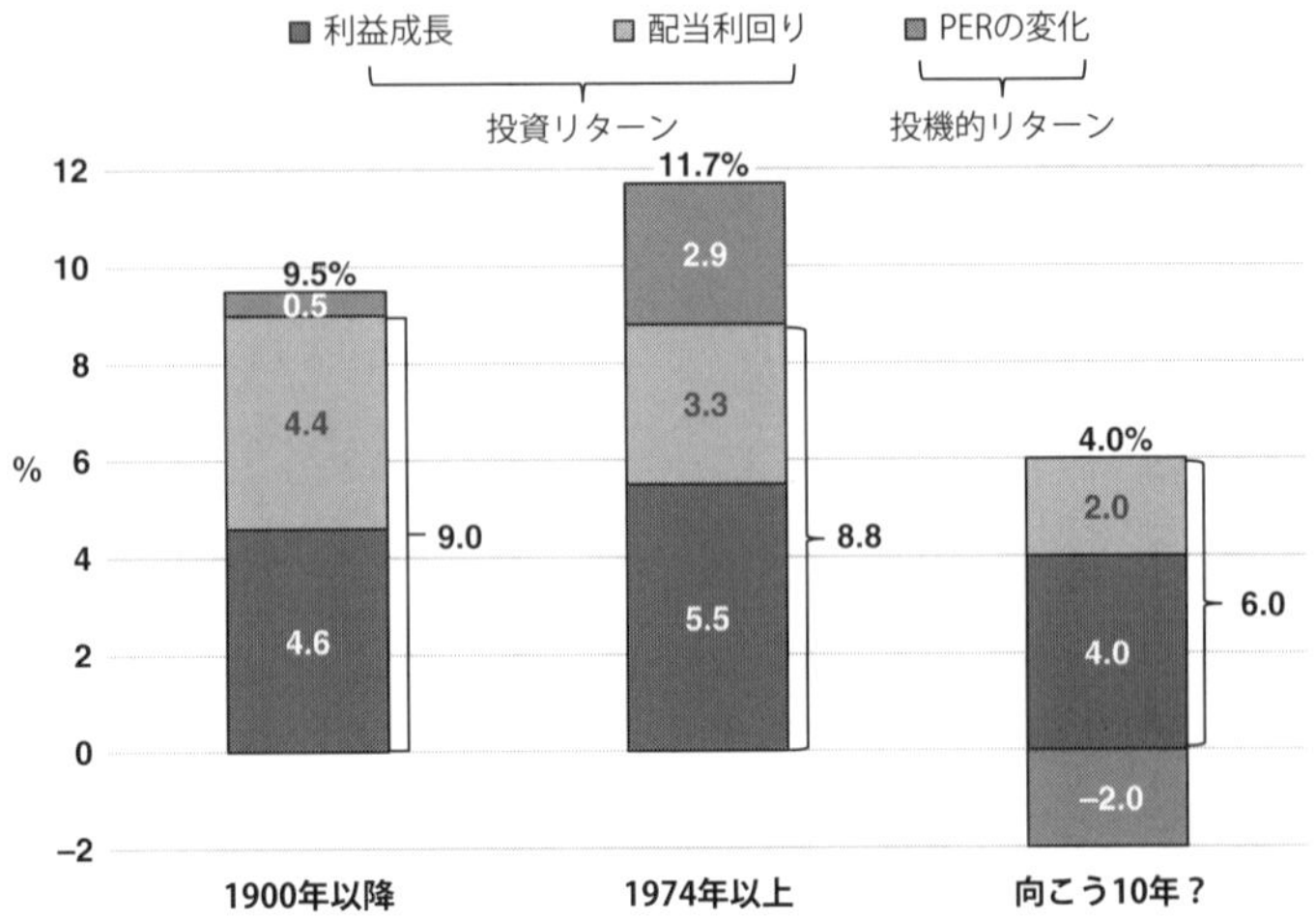

という長期的な名目年間リターンと比較すれば、株式市場のリターンが振るわない時期が来ることを常識は教えている（図表9－2）

本書の第一版（二〇〇七年）でも、この章のタイトルを「良き時代はもはや続かない」とした。そこでは、二〇〇六～二〇一六年までの一〇年間における株式のリターンの合理的な期待値を年七％とした。S&P五〇〇の実際のリターンはほぼ同じ六・九％であった（拍手。投資リターンを過大に見積もった分だけ、投機的リターンを過小に見積もっていた）。

警告の裏にある計算――株式のリターンの源泉。

なぜ警告が続くのか。株式のリターン源泉がそうさせるからである。第2章で引用したケインズ卿の警告を思い出してほしい。「過去の経験がなぜそのようなものとなったかという理由を理解せずに、それを将来の論拠とするのは……危険である」。本章では、株式の三つのリターンの源泉について説明していく。つまり、当初の配当利回り、利益成長（この二つを合わせて「投資リターン」とする）、PERの変化（「投機的リターン」）である。

将来の年間投資リターンは、プラス六％？

利益源泉の今日の様子を見てみよう。まず、今日の配当利回りは過去の水準の四・四％ではなく、二％である。つまり、配当収入が投資リターンにもたらす寄与が年二・四％も失われることになる。

企業の利益については、わが国の長期的な名目成長率が六％超であり、向こう一〇年間のGDP（国民総生産）の期待名目成長率である四～五％程度の成長は継続する（長期的にはたいてい成長する）と仮定する。

以上の期待値がかなり正確だとすれば、株式の投資リターンは六～七％の水準に落ち着くと予測できそうである。ここでは用心深く、年間の投資リターンは平均六％とする。

将来の年間投機的リターンは、マイナス二％？

では、投機的リターンについて考えてみよう。二〇一七年初頭、株式のＰＥＲは二三・七倍であった。これは、前年に公表されたＳ＆Ｐ五〇〇の利益を基準としたものである。ＰＥＲが向こう一〇年間この水準にとどまるのであれば、六％と予測した投資リターンは増えも減りもしない。

一般にウォール街のストラテジストたちは、**過去に公表された利益ではなく、来る年の予想営業利益に基づいてＰＥＲを算出したがる**。この営業利益には、操業をやめた事業にかかる損金やその他の損失が含まれておらず、また将来の利益予想が実現するかどうかも分からない。予想営業利益を用いてウォール街が算出したＰＥＲはたった一七倍にすぎないが、この予測は無視することにする。

私の推測――情報に基づいた推測ではあるが、推測にすぎない――では、一〇年後にはPERは二〇倍かそれ以下まで低下しているであろう。こう評価すると、市場のリターンは年二%ほど低下し、アメリカ株式市場の年間収益率は四%、ということになる。

四%という予想に同意できないのであれば、「どうぞご自由に」。

私に同意する必要などない。今日の二三・七倍というPERが向こう一〇年間変わらないと考えるのであれば、投機的リターンはゼロとなり、投資リターンは市場全体のリターンと同じになる。バリュエーションが三〇倍まで上昇すると予測する（私はそうは思わないが）ならば、株式の年間リターンは一・五%高い、七・五%となる。PERが一二倍まで低下すると思うのであれば、七%引いて、株式の名目総リターンはマイナス一%となる。

私の用心深いシナリオに同意する必要などないのだ。自由に反論してほしい。現在の配当利回り（これは逃れようがない）、独自の合理的な利益成長の予測、二〇二七年のPERに対する独自の見立てを用いて、向こう一〇年間を独自に予測すればよいのだ。そのすべてが、向こう一〇年間における株式のリターンに対する独自の合理的な予想となるのだ。

債券のリターンの源泉は、現在の利回り。

債券の将来のリターンを合理的に予測するのは株式のそれよりも容易である。なぜだろうか。株式のリターンは前述の三つの源泉からなるが、債券のリターン源泉はひとつ、つまり取得時点での金利だけに依存するからである。

つまり、現時点での債券（もしくは債券ポートフォリオ）の利回りは、当該債券を長期に保有した場合の期待リターンを表しているのである。当初の利回りが将来のリターンの信頼できる指標となることは歴史が示している。実際に、一九〇〇年以降、債券が一〇年間にもたらすリターンの九五％が当初の利回りによって説明されるのだ（**図表9－3**）。そりゃ、そうだ。

では、それはなぜか。一〇年物の債券を発行する者は、一〇年が経過した時点で元本を満額支払うことが求められ、投資適格の債券ではたいていの場合、それが完全に履行されるからである。それゆえ、債券のリターンのほとんどすべては、支払われる金利からもたらされることになる。もちろん、途中、債券の時価は金利水準の変化に合わせて変動する。しかし、債券を満期まで保有するのであれば、この変動は問題ではない。

図表9－3　当初の利回りとその後のリターン

図表9－3を見れば、一〇年物のTノートの当初利回りと、一〇年後のリターンとが驚くほど密接に関係していることが分かる。ここで、利回り（とその後のリターン）の長期的なサイクルに注目してほしい。一九四〇年の〇・六％という下値から一九八一年には一四・〇％（驚きだ）の高値まで上昇し、その後二〇一二年には一・八％まで下落し、二〇一七年半ばには二・二％までわずかながら上昇している。

Tノートの返済にはリスクがほとんどない（いや、もっと低いかもしれない）が、ここで言うリスクとは、債券の元本が満期を迎えたときに返済されないリスクを指す。社債の返済リスクは、Tノートに比べてより高いものとなるので、広範な債券市場の利回りを現在の二・二％とするのは、債券市場全般の将来のリターンを相当控えめに表していることになる。そこで私は、債券の将来のリターンを予測するにあたり、現在二・二％の利回りを持つTノートが五〇％、同じく三・九％の利回りを持つ投資適格の長期社債が五〇％で構成されるポートフォリオを前提とした。この組み合わせによれば、広く分散した債券ポートフォリオの利回りは三・一％ということになる。つまり、向こう一〇年間における債券の年間リターンは三・一％とするのが合理的な予想だということになる。

向こう一〇年間では、債券のリターンは株式のそれと同様に、歴史的水準（図表9－4）よりも低いものとなりそうである。一九〇〇年以降という長い歴史を見ると、債券の年間リターンは平均五・三％であった。一九七四年以降の近代では、債券のリターンはかなり高くなり、年平均で八・〇％である。このリターンは、金利が急落し、価格が上昇した一九八二年を起点とする長くて堅調な強気相場に依拠するところが大きい。

予想される株式と債券のリターンが低いものであれば、株式と債券からなるバランス型のポートフォリオのリターンも低いものとなる。

図表9－4　債券のトータルリターンの過去と未来

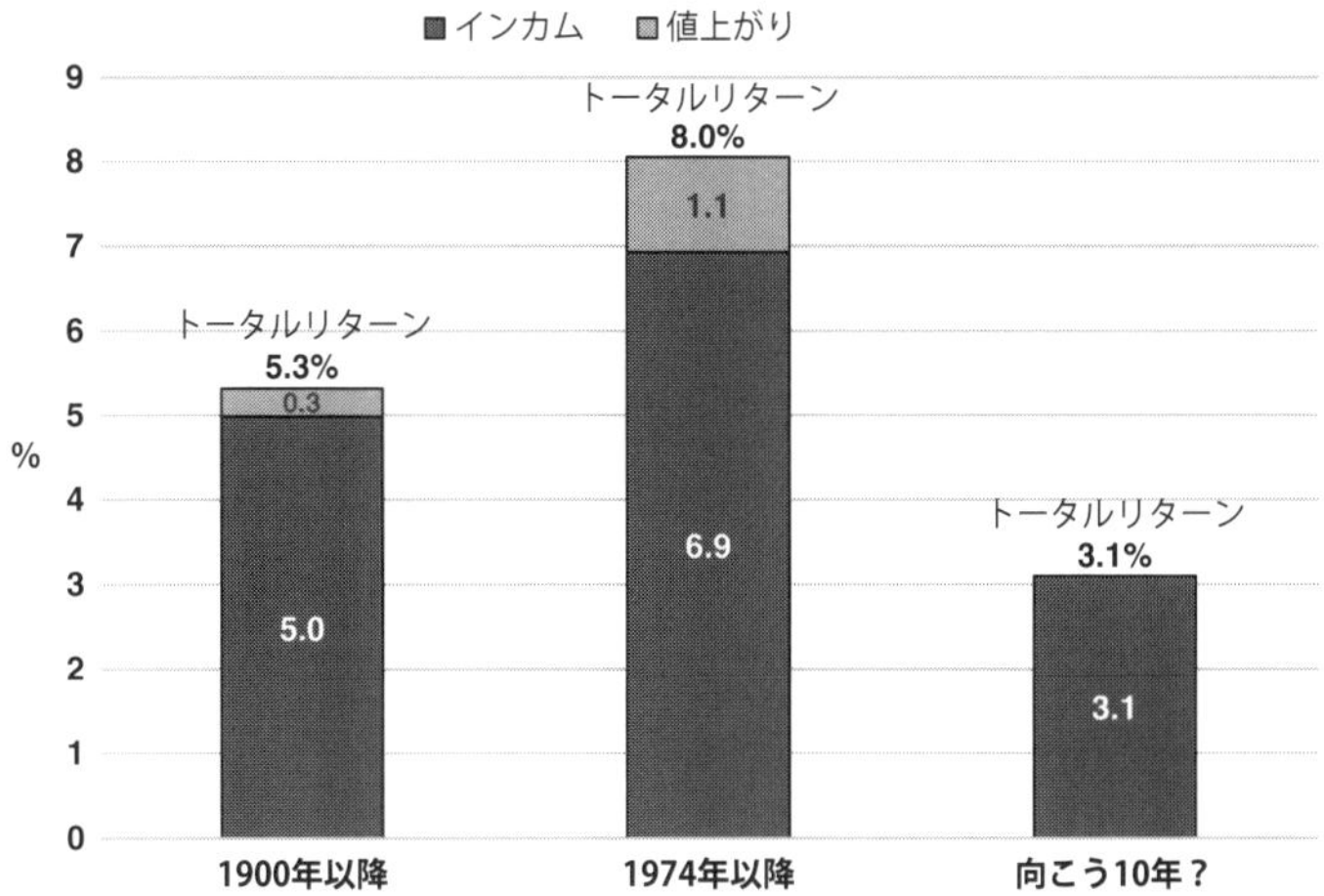

株式を六〇％、債券を四〇％で構成するバランス型のポートフォリオで、株式と債券それぞれの将来の合理的な予想リターンを組み合わせると、向こう一〇年間の名目年間リターンの予測はコスト控除前で三・六％となる。もちろん、この予測は低すぎるかもしれないし、高すぎるかもしれない。しかし、資産運用を考えるうえでの現実的な根拠にはなるであろう。

いずれにせよ、この三・六％という予想年間リターンは、このようなバランス型ポートフォリオの長期平均である七・八％や一九七四年以降の一〇・二％という驚くべき数字を大幅に下回る（**図表9－5**）。

図表9－5　株式と債券を60対40の割合で組み入れたポートフォリオのトータルリターンの過去と未来

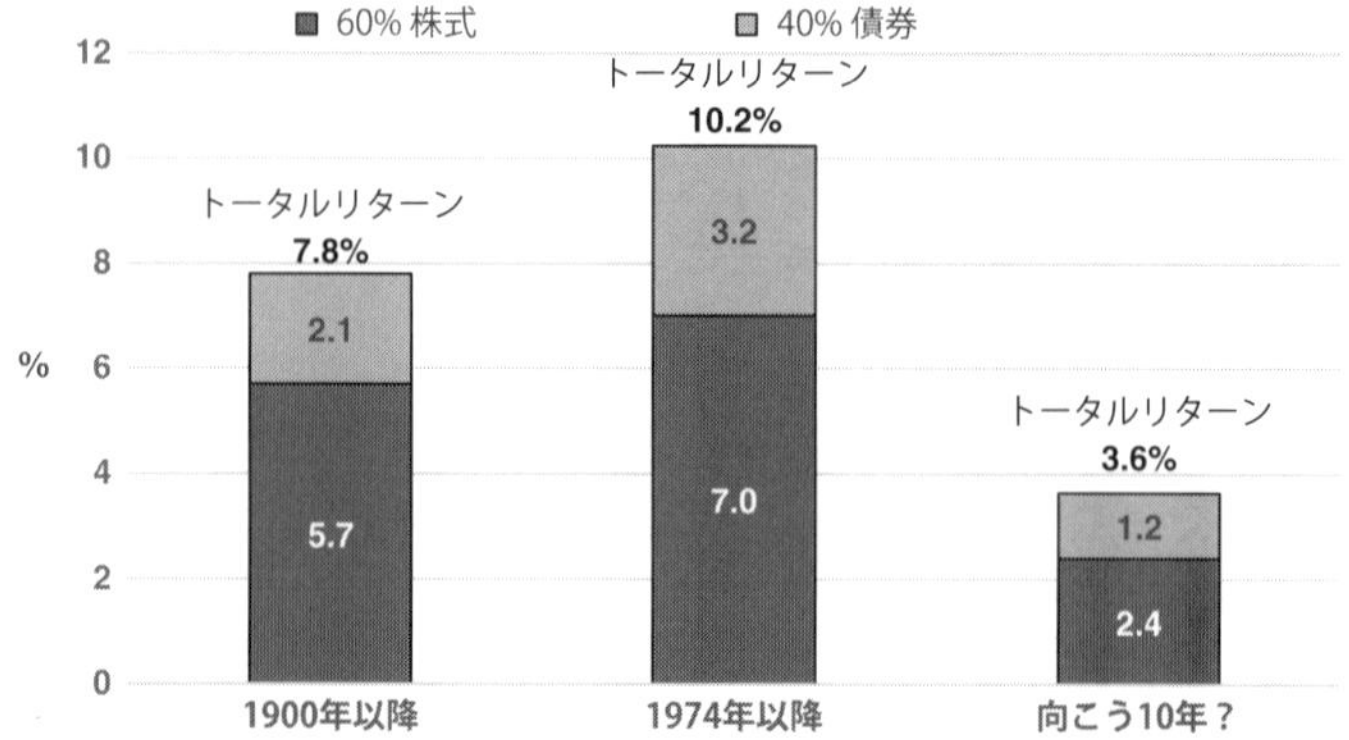

	1900年以降	1974年以降	向こう10年？
名目リターン	7.8%	10.2%	3.6%
インフレ率	3.0	3.9	2.0
実質リターン	4.8%	6.3%	1.6%

これらの名目年間リターンを実質（インフレ調整後）リターンに転換すると、名目値よりは小さいながらも、大きな差があることが分かる。長期が四・八％、一九七四年以降が六・三％、向こう一〇年間がおそらく一・六％、という具合である（**図表9－5**の下部を参照されたい）。

バランス型ポートフォリオの将来の年間トータルリターンの予測を三・六％とするのが合理的であるならば、バランス型ポートフォリオを有する者が手にする純リターンはどうなるのか。

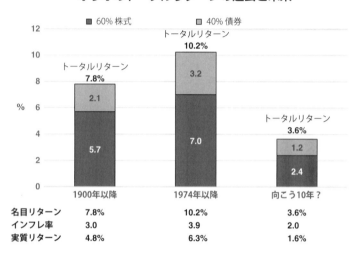

名目総リターン	3.6%
投資コスト	–1.5
名目純リターン	2.1%
インフレ率	–2.0
実質年間リターン	0.1%

二〇一七年半ばにおいて、向こう一〇年間におけるバランス型ポートフォリオの合理的な年間リターン予想（予言ではない）を三・六％としてみよう。ここで思い出してほしいのが、投資家は市場リターンをそのまま手にできる（する）のではないということだ。なぜだろうか。アクティブ運用のファンドを通じて株式や債券に投資すると、年間コストが少なくとも一・五％はかかるからである。

そのような環境下でアクティブ運用のバランス型投信がもたらすであろうリターンを算出するにあたっては、簡単な計算という冷徹なルールを思い出さなければならない。つまり、市場の名目リターンから、投資コストと予想インフレ率二％（現時点で金融市場が想定している向こう一〇年間のインフレ率より若干高い）を差し引くと、たった年〇・一％となるのだ。計算式は上のとおりである。

典型的なバランス型ファンドの予想リターンをほとんどゼロとするのはバカげていると思われるかもしれない。しかし、第7章の教訓を思い出せば、平均的なバランス型ファンドの投資家が手にするのは、さらに少ないものであることが分かる。数字はそこで示している。

比較のために記すと、リターンが低い環境下、年間コストがたった〇・一％にすぎないコストの低いバランス型インデックスファンドであれば、実質年間リターンは一・五％ほどになる。アクティブ運用のファンドよりもかなり高いものだ。あまり大きなリターンではないが、少なくともプラスであり、よほど良いものであろう。

投信業界が変化しないかぎり、典型的なアクティブ運用のファンドは極めて嘆かわしい投資対象となるであろう。

リターンが低くなると、投資信託の過剰なコストという冷徹な計算の影響が残酷なまでに大きくなる。なぜだろうか。株式投信のコスト二％と二％のインフレ率を組み合わせると、株式の名目年間リターンが一五％であれば、「ほんの二五％」にすぎないが、一〇％の場合では「たった」四〇％になる。さらに、合理的な予測である四％の場合には、株式の年間リターンの一〇〇％がコストとインフレによって食われてしまうのである（落ち着いてほしい）。

運用管理費用（信託報酬）、購入時手数料や株式の回転率（とそれに伴うコスト）を大幅に削減することで投信業界が変化しないかぎり、コストの高いアクティブ運用のファンドは投資家にとっては極めて嘆かわしい投資対象となるであろう。

平均的なアクティブ運用の株式投信がもたらす実質リターンがゼロというのは受け入れられないものである。株式投信の投資家がこのような簡単な計算という冷徹なルールのワナを逃れるためにはどうしたらよいのか。長期的水準よりも大幅に低いものとなるであろう将来のリターンに高い投資コストがかかることで起こる財政的な災難をどうしたら避けられるであろうか。

財政的災難を避ける五つの方法のうち、有効なのは二つだけ。

投資リターンを改善するための魅惑的な選択肢が五つある。

1. 株式市場のポートフォリオを保有するだけの極めてコストの低いインデックスファンドを選択する。
2. コストがもっとも低く、ポートフォリオの回転率も必要最低限なもので、購入時手数料のかからないファンドを選択する。
3. 過去の長期的なパフォーマンスに基づいて勝てるファンドを選択する。
4. 直近の短期的パフォーマンスに基づいて勝てるファンドを選択する。
5. 市場を出し抜きそうなファンドを選択してくれるプロのアドバイスを入手する。

どれを選択するであろうか。ヒントを挙げるとすれば、わが国の金融市場がもたらすいかなるリターンをもとらまえることで投資での成功を保証するのは、最初の二つである可能性が高いということだ。最後の三つが成功をもたらす可能性は惨めなほど低い。それらの限界については次の三章分を通じて説明していこう。

私の言葉だけを信じる必要はない

金融市場を真剣に研究したほとんどすべてのエコノミスト、学者、株式市場のストラテジストたちは私と同意見である。つまり、一九七四年秋に底値を付けて以降の株式市場の良き時代は、長い目で見れば「もはや続かない」のだ。

オルタナティブ運用の分野で最大かつもっとも成功した運用会社のひとつであるＡＱＲキャピタル・マネジメントの予測を検証してほしい。「予想投資リターンは低いものである。株式の実質リターンは四・〇％、債券のそれは二・六％、株式と債券を六〇対四〇で組み入れたポートフォリオの実質リターン［投資コスト控除前］は二・六％と予測する」

＊　＊　＊　＊

ＧＭＯの主任ストラテジストを長く務め、大手寄付基金のアドバイザーでもあるジェレミー・グランサムの予測に比べれば、AQRのそれも相当強気なものに聞こえよう。GMOでは、向こう七年間の株式の実質年間リターンはマイナス二・七％、債券の実質年間リターンはマイナス二・二％、六〇対四〇のバランス型ポートフォリオの実質リターンはマイナス二・五％と予測している。

＊　＊　＊　＊

UBSインベストメント・マネジメントの元会長で、CFA（公認証券アナリスト）のゲーリー・P・ブリンソンは私と同意見である。「市場全体で見れば、付加価値の額、言い換えれば、アルファはゼロとなる。ある人物が手にするプラスのアルファはだれかのマイナスのアルファなのだ。機関投資家、投資信託、さらにはプライベートバンキングの分野では、アルファの総額は取引コストを差し引いたあとではゼロかマイナスになる。それゆえ、アクティブ運用の運用会社が手にする手数料の総額は、最大でもパッシブ運用の手数料と同じになるべきである。しかし、彼らが手にする手数料は、パッシブ運用のそれよりも七倍も多いものである。この非合理な難問は最終的には終わりにしなければならない」

＊　　＊　　＊　　＊

ファイナンシャル・アナリスト・ジャーナルの編集者で、エニス・クヌップ・プラス・アソシエイツのCFAであるリチャード・M・エニスの二〇〇六年の言葉を検証してほしい。「金利が四％ほど〔現在はもっと低い〕で、株式の利回りが二％に満たない今日、近い将来二ケタの投資リターンを期待する者などいない。しかし、われわれはその時代の遺物、つまりブームによる成長を追い求めた膨大な資金の流入と、その後の厄災からの避難によってもたらされた高い手数料体系のなかに生きている。第二に、市場の効率性と高いコストという二つの難問に直面して、投資家たちは資産をアクティブ運用からパッシブ運用へと移行させてきている。この動きによって、優秀なファンドマネジャーがもたらすであろうパフォーマンスですら、高い手数料が吸い上げてしまっていることがますます認識されるようになるであろう」

第10章

長期的な勝者を選択する
――針を探すな、枯れ草を買え

ほとんどの投資家が投資信託全般の過去の期待外れなリターンを見て、こう考えるのだ。「確かにそうだ。だが自分は優れたファンドだけを選択するつもりだ」。聞こえは良いが、勝てるファンドをあらかじめ選択するのは、見かけ以上に難しいものである。確かに、四半世紀にわたって生き残っている勝者もいるのだが、それはごくわずかである。過去のパフォーマンスをじっくりと調べれば、それらを見いだすのは容易だ。

だが、もっともよく耳にする投資信託は、過去の成功という栄光に酔ったものばかりである。しばらくの間、またはある程度の長きにわたり成功しても、その後、低迷しているファンドの話をあまり耳にすることがない。さらに、低迷したファンドは、事業を畳む、つまり償還されるか、ほかのファンドに合併されることが多い。いずれにせよ、彼らは投資

図表10－1　勝者、敗者、そして失敗――投資信託の長期的リターン（1970～2016年）

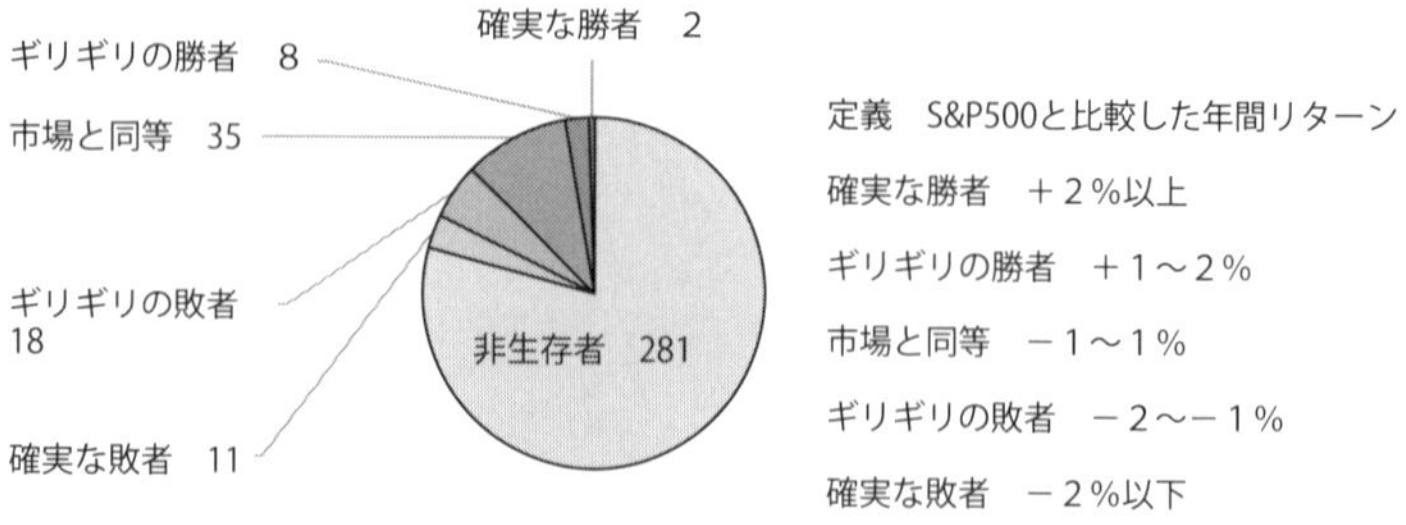

信託の歴史のゴミ箱に葬り去られるのだ。

過去の勝者を見いだすことが容易だからといって、そのようなパフォーマンスが将来も継続する保証はどこにもない。まずは長期にわたって勝ち続けたファンドの記録を検証してみよう。**図表10－1**は、一九七〇年にさかのぼって、当時存在していた三五五本の株式ファンドの四六年にわたる記録を示したものである。第一の、そしてもっとも明白なサプライズは次のとおりである。それらファンドのうち二八一本、つまり八〇%ほどが事業から撤退しているのである。ファンドが長期にわたって存続しないのであれば、どうすれば長期投資ができるのか。

ファンドの破綻率は八〇%にもなる。

自ら償還を選んだファンドは、もっとも優れたパフォーマンスを示したファンドではない、と推定したほうがよかろう。それは、消えたのろまなのだ。ファンドマネジャーが異動する場合（アクティブ運用の株式のファンドマネジャーの平均担当期間は九年に満たない）もあれば、巨大金融コングロマリットが運用会社を買収し、彼らの新しいオーナーが「製品ラインを一掃する」と判断する場合もある（正直に言えば、これらコングロマリットは、ファンドの委託者である投資家のためではなく、ファンドの受託者として自らのためにリターンを上げることが主眼である）。投資家がパフォーマンスの振るわないファンドから撤退すると、ファンドの資産は縮小するが、それが運用会社の利益の足かせとなる。ファンドが消えゆく理由は多くあるが、そのうち投資家にとって良いと思われる理由はほとんどない。

だが、長期にわたり確実な業績を残しているファンドが撤退することもある。それらの運用会社は販売会社に買収されることがよくあり、販売会社の野心あふれる経営幹部たちが、ファンドの過去の業績がどれほど優れたものであろうとも、新規の投資家から巨額の資本を引き出すには不十分だと結論づけることがある。ファンドがその有効性を失う場合もある。その他の例では、パフォーマンスが数年間振るわないだけで償還されるものもある。

家族の死。

一〇年ほど前、残念なことに投資信託業界全体でも二番目に古いファンドが、このような方針の犠牲になった、つまり運用会社の新しいオーナーによって潰されたのだ。そのファンドは過去八〇年に及ぶ市場の荒波を生き抜いてきたにもかかわらず、死んだのである。ステートストリート・インベストメント・トラスト（一九二五～二〇〇五年）の冥福を祈る。投信業界にもっとも長く従事した者のひとりであり、このファンドがこれほど長きにわたり一流の成績を残してきたことを知る者として、ステートストリート・インベストメント・トラストがなくなったことは、家族の死に等しいものがある。

成功する確率は悲惨なまでに低い。三五五本のファンドのうち、本当に優れたパフォーマンスを提供してきたものは、たった二一本しかない。

いずれにせよ、一九七〇年に存在していた二八一本の株式ファンドが消えていったが、そのほとんどがひどいパフォーマンスであった。残ったファンドのうち二九本は、S&P五〇〇を年に一％以上下回るパフォーマンスである。これらを合わせると三一〇本のファンド、つまり当初の三五五本のうち八七％のファンドはドングリの背比べ、ということになる。その他三五本のファンドは、S&P五〇〇のリターンから上下一％未満のリターンをもたらしている。言うなれば、市場並みである。

年に一％以上市場に勝ったのは、残りのたった一〇本の投資信託であり、ファンド三五本に対して1本という割合である。率直に受け止めようではないか。なんとひどい確率か。さらには、一〇本のファンドのうち八本は、S&P五〇〇に対して年に二％以下しか上回っていない。これは能力というよりも、運が良かっただけである。

マゼランファンドの物語。

一九七〇年以降、年に二％以上S&P五〇〇を上回ってきた確実な、長期的勝者は二つ

図表10－2　フィデリティ・マゼランとS&P500の長期的実績（1970～2016年）

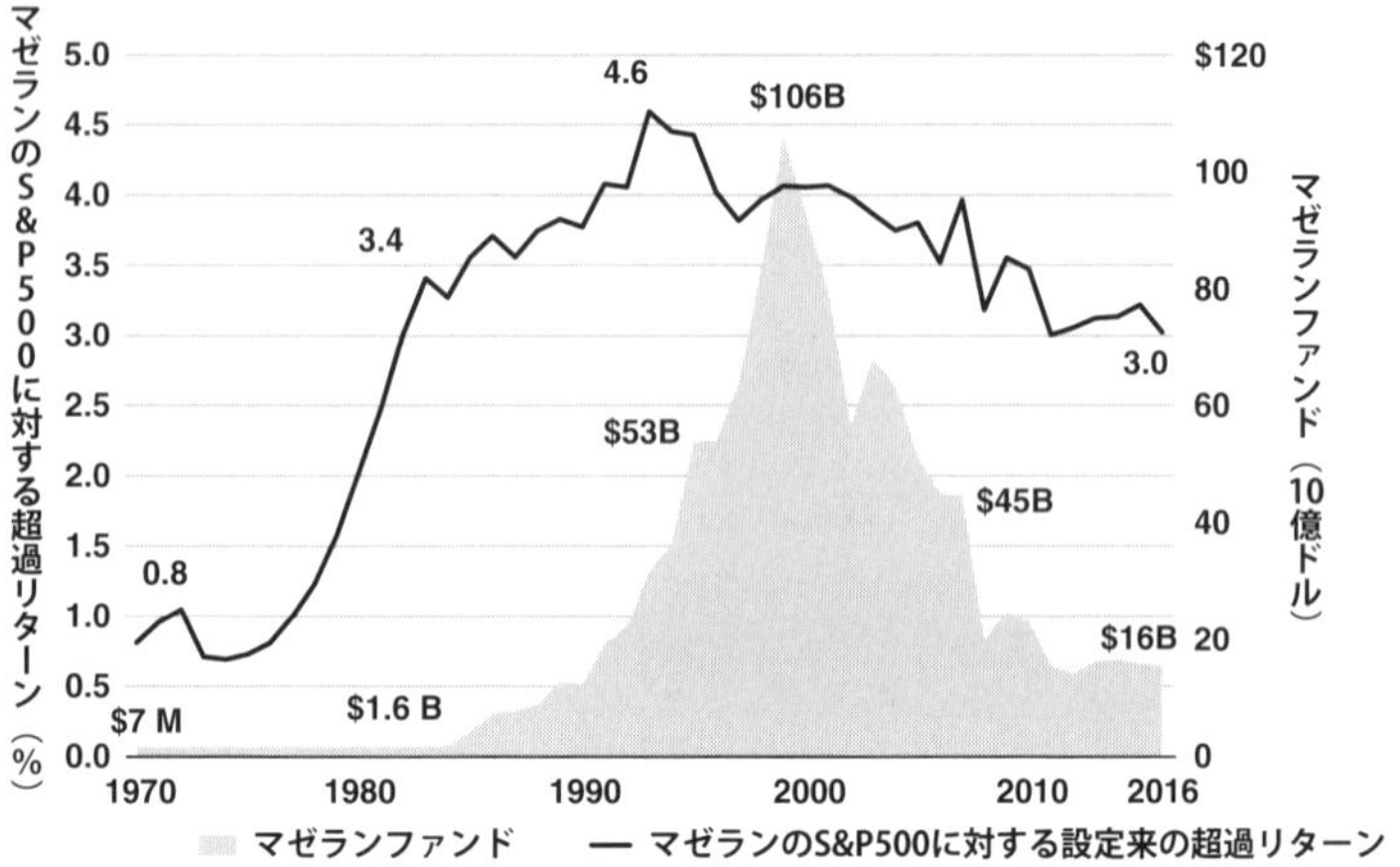

だけである。私は彼らに敬意を表したい。フィデリティ・マゼラン（対S&P五〇〇で年二・六%のプラス）とフィデリティ・コントラファンド（同じく二・一%のプラス）である。

およそ半世紀にわたり、年間リターンで二%以上市場を上回るというのは偉大なる業績である。それは間違いのないことだが、興味深い、おそらくは明白な事実がここで浮上する。これら二つのファンドの実績を検証し、何が学べるかを見ていこう。

図表10－2は、マゼランの資産の増減（アミ部分）と、S&P五〇〇に対する設定来の超過リターン（黒線）を図示したものである。線グラフが上昇していれば、マゼラ

ンはインデックスを上回っており、それが下落していれば、インデックスがマゼランを上回っていたことになる。

マゼランの黄金期（一九七七〜一九九〇年）にファンドを運用していたのはスターファンドマネジャーのピーター・リンチである。以降、五人のファンドマネジャーがファンドの運用を行ってきた（二〇〇四年五月二八日付のウォール・ストリート・ジャーナルが報じたところによると、当時のマゼランファンドのファンドマネジャーであるボブ・スタンスキーはこう述べたという。「長期にわたり市場に二〜五％は勝てると思う。『僕は勝ちたいのだ』」。スタンスキー時代、マゼランはS&P五〇〇に年一・二％負けた。彼は二〇〇五年に退任することになる。厳しい仕事である）。だが、ファンドマネジャーの能力（または運）以上のものが作用している。マゼランの資産規模が低減していることも考慮に入れなければならない。

マゼラン最大のリターンは、純資産が七〇〇万ドルしかなかった組成当初に獲得したものである。当時ファンドはS&P五〇〇を年に一〇％も上回っていたのだ（マゼランが一八・九％、S&P五〇〇が八・九％）。一九八三年に純資産が一〇億ドルの大台に乗ったあとも、ファンドは市場に勝ち続け、一九九三年に純資産が三〇〇億ドルに到達するまで、低下したとは言え、年三・五％（マゼランが一八・四％、S&P五〇〇が一四・九％）という驚くべき成績を上げている。

ファンドは成長を続け、純資産は一九九九年末に一〇五〇億ドルに至るが、市場に勝ち続けることはできず、一九九四～一九九九年までに年二一・五％（マゼランが二一・一％、S&P五〇〇が二三・六％）もS&P五〇〇に負けることになる。

世紀が変わってもファンドのアンダーパフォームは続き、S&P五〇〇に年一・八％負け（マゼランが二・七％、S&P五〇〇が四・五％）、一方で、純資産は一九九九年の一〇五〇億ドルから、二〇一六年には八五％も少ない一六〇億ドルまで劇的に減少する。マゼランが「熱い」ときに資金が投じられ、「冷める」と引き揚げられる。これは、投資家の非合理的な行動の古典的な例かもしれない。

コントラファンドの物語。

コントラファンドの物語は、今のところ、マゼランの最初の三〇年と似たり寄ったりで、大きな成功のあと、平均へと回帰している。一九九〇年以降、ウィル・ダノフが主席ファ

図表10－3　フィデリティ・コントラファンドとS&P500の長期的実績（1970～2016年）

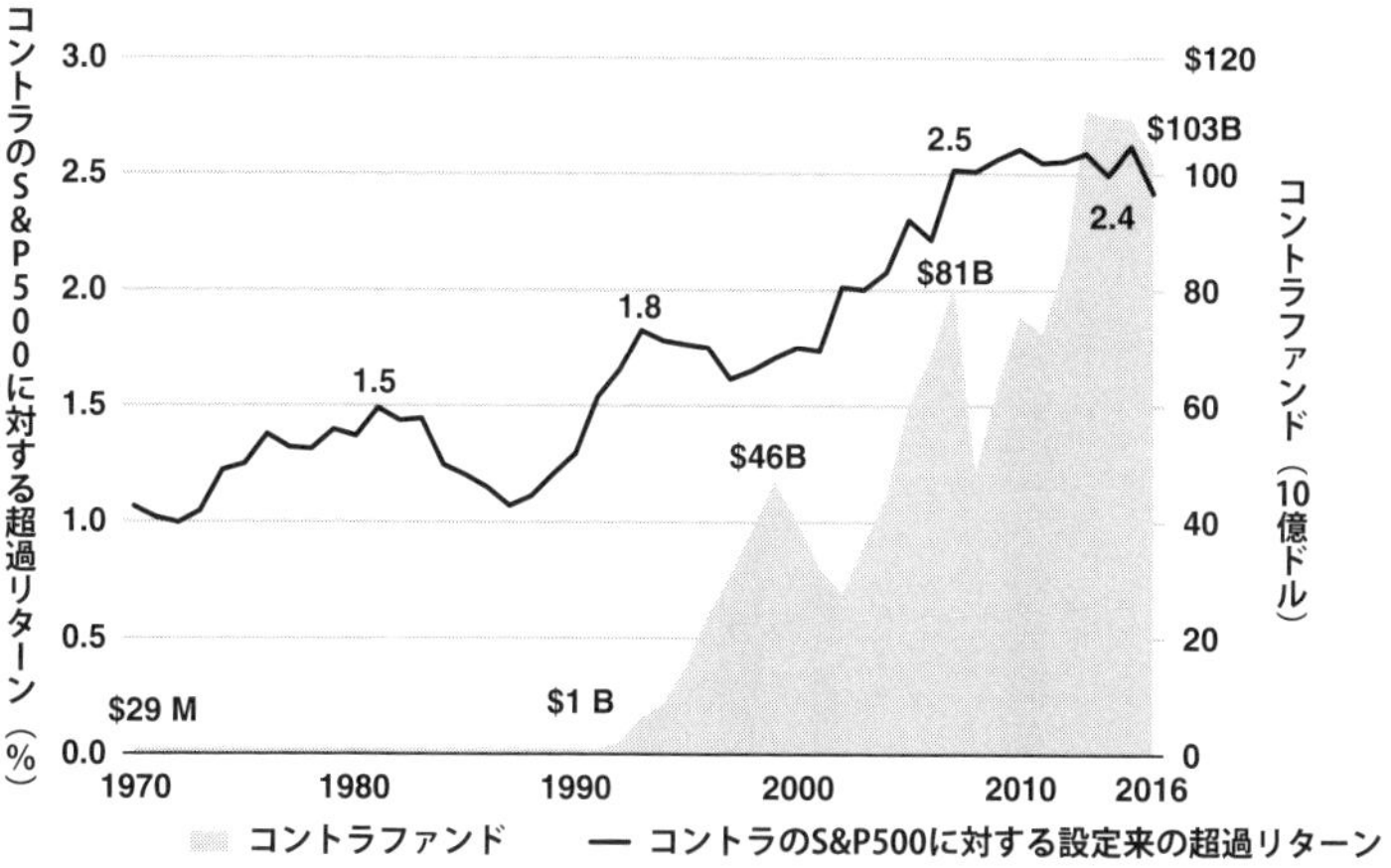

ンドマネジャーを務めている。コントラファンドでの彼の偉大なる業績は紛れもないものだ。

　ダノフがその任に就く以前、ファンドはS&P五〇〇を年に一％上回る（コントラファンドが一二・六％、S&P五〇〇が一一・六％）にすぎなかった。ダノフは二〇一六年までに年間のアドバンテージを三倍近くにしたのだ（コントラファンドが一二・二％、S&P五〇〇が九・四％。**図表10－3**参照）。しかし、常なるとおり、やがては平均への回帰が起こる。過去五年間、コントラファンドはS&P五〇〇を年一・二％下回ったのだ（コントラファンドが一三・五％、S&P五〇〇が一四・七％）。

成功は困難とともにやってくる。ファンドの純資産はダノフがその任に就いた一九九〇年には三億ドルにすぎなかった。二〇一三年、純資産が一〇〇〇億ドルの大台に乗る。それからの三年、コントラファンドの優位性は消え、指数に年一・五％（コントラファンドが一二・八％、S&P五〇〇が一四・三％）負けることになる。将来どうなるかは、時がたてば分かるであろう。

マゼランとコントラファンドが公表した投資リターンに投資家たちが気づくと、資金が投じられ、巨大な純資産が積み上げられた。しかし、ウォーレン・バフェットが指摘するように、「パンパンにふくれた財布は優れたリターンを上げるための敵なのだ」。実際にそうであった。この二つの人気ファンドが成長するにつれ、その業績は精彩を欠き始める。マゼランもさることながら、コントラファンドが到達したような巨大な規模にすぐに達するアクティブ運用のファンドなどほとんど存在しないが、おそらくはほとんどのファンドは、パフォーマンスが良い時期のあとに資金が投入され、悪い時期のあとに資金を引き揚げられることになり、これが変動するファンドのリターンに敏感なこの業界にとって根本的な問題となっているのである。

剣で生きる者は剣で死ぬ。

フィデリティのすべてのファンドが、マゼランやコントラファンドのように時の試練を乗り越えたわけではない。失敗例のひとつが、一九五七年に組成され、ゴーゴー時代の花形のひとつであったフィデリティ・キャピタル・ファンドである。一九六五～一九七二年までの累積リターンは、S&P五〇〇の八〇%に対し、このファンドは一九五%にもなった。しかし、その後の弱気相場では、ファンドは四九%も下落（S&P五〇〇は三七%下落）することになる。数年後、純資産は一九六七年の七億二七〇〇万ドルから一九七八年には一億八五〇〇万ドルまで下落し、フィデリティの別のファンドに吸収されることになる。「剣で生きる者は、剣で死ぬ」

行動する前に考えろ。

過去の話は十分である。将来について記そう。マゼランやコントラファンドが、近年こそ低迷しているとは言え、S&P五〇〇の二・五～三倍ものリターンを上げてきた驚くべき長期的な実績を見て、急いでこれらに投資しようとする前に、向こう一〇年か、またはさらにその先の将来について考えてみよう。勝っているファンドが優れた業績を出し続ける可能性を考えてみればよい。現在のファンドの規模について考えてみればよい。向こう二五年間で、典型的なファンドはファンドマネジャーを三回は入れ替えるという現実を考えてみればよい。一人の投資家が生涯にわたってファンドの受益権を保有し続ける可能性を考えてみればよい。さらに、特定のファンドが二五年後に存在している可能性を考えてみればよい。

過去一〇年か、またはそれ以上の期間にわたって、市場よりも高いリターンをもたらしてきた投資信託にも等しく懐疑的になるべきである。投資信託という世界は困難かつ競争の激しいものであり、将来どうなるかはだれにも分からないのだ。現在のファンドマネジャーの跡を継ぐ者たち、そして彼らが運用するファンドの受益者たちの幸運を祈る。だが、どのような決断を下そうとも、投資信託のパフォーマンスを形作る、もっとも理解されていない要素のひとつを無視しないでほしい。つまり、平均回帰だ（ＲＴＭの驚くべき力は次の第11章でより詳細に検証する）。

> 針を探すな、枯れ草を買え。

幸運にも真に優れた長期的業績を残すたった二つ（三五五本のうち）の投資信託を保有できる確率は一％の半分である。データをどうひっくり返しても、決まったファンドマネジャーが長らく運用を担当し、長期間とは言わずとも一貫して優れた業績を上げているファンドが、投信業界では一般的というよりも例外的な存在であることに疑問の余地はない。

長期にわたって株式市場に勝つ投資信託を選びだそうとすることは、セルバンテスの言葉を借りれば、「枯れ草の山で針を探す」ようなものである。そこで、注意勧告。**「枯れ草の山で針を探すな。枯れ草を買え」**

もちろん枯れ草とは株式市場全体のポートフォリオであり、それはコストの低いインデックスファンドを通じて容易に保有することができる。コストの低いインデックスファンドのリターンは、前章の初めで紹介した四六年にわたる競争を始めた三五五本のファンドのうち三四五本のファンドのリターンと同等か、上回るかしており、長期に存続した七四本のうち六四本のファンドのリターンを上回っている。ちなみに、二八一本のファンドは清算されている。だが、Ｓ＆Ｐ五〇〇指数のような広範な指数に連動するファンドが今後も同じような業績を残せるとは思えない。それは、何らかの魔法によるものではなく、今や読者もよく知る計算という冷徹なルールによるものである。

生涯にわたってインデックス運用をするには、主要な選択肢が二つある。三〇～四〇本のアクティブ運用のファンドに投資するか、運用会社に依存しないひとつのインデックスファンドに投資するか、である。

こう考えてみてほしい。生涯にわたって投資を行おうとするなら、基本的な選択肢は二つある。アクティブ運用のファンドを三つ四つ選びだし（これが典型だが）、それらが優れたファンドであることを願う。もちろん、それらのファンドマネジャーが従事するのは平均して九年ほどであり、ファンド自体もその寿命は一〇年に満たない傾向にあることを知りながら、である。

その結果、生涯を通じると、手数料と売買コストという負担を負いながら、三〇～四〇のファンドを保有することになる。もしくは、手数料が低く、最低限の取引コストしかかからず、市場全体に連動し、運用会社に依存せずに生涯にわたって確実に指数に連動するインデックスファンドに投資することである（もはや驚きもしないだろう）。実際に、アクティブ運用のファンドがインデックスファンドよりも効率的かつ一貫して投資家の要求に応える現実的な方法はない。簡潔さ、コスト効率、そしてやり抜くことが競争に勝つのだ。

それでもインデックス運用がイヤな人へ……。

インデックスファンドが株式市場全体のリターンをもたらすことを知ろう。アクティブ運用のファンドでは、ファンドマネジャーがやがて否応なく交代させられることを知ろう。ファンドの多く（そして、残念ながらファンドマネジャーの多く）がやがて償還や廃業を迎えることを知ろう。業績の良いファンドが、将来の成功を台無しにするような額の資金を引き付けてしまうことを知ろう。そして、ファンドの業績のどれほどが運によるものか、能力によるものか明確にできないことを受け入れよう。ファンドのパフォーマンスに関しては、過去が未来のプロローグとなることはめったにないのだ。

過去の長期的なパフォーマンスを見る（おそらく見るだけ、だ）ことで市場に勝つファンドを確実に見つけだす、体系的な方法など存在しない。それは、枯れ草の山で針を探すようなものであり、見つけだせる可能性などないのだ。

私の言葉だけを信じる必要はない

二〇一三年のバークシャー・ハザウェイの株主に宛てた手紙にある、ウォーレン・バフェットの言葉を検証してほしい。そこで彼は、遺言状に記した彼の妻の信託財産に関する指示について説明している。彼は、優れた実績を持つアクティブ運用の投資信託を選択するのではなく、信託財産の九〇%を「コストの非常に低いS&P五〇〇インデックスファンド」(バンガードのファンドのはずだ)に投資するよう信託管理人に指示している。バフェット氏は「針を探す」ことをずっとやってきた人物だが、最終的に「枯れ草を買う」ことに決めたのだ。

＊　＊　＊　＊

もっと忠告が必要だろうか。故ポール・サミュエルソンはお馴染みの知恵を駆使して、優れたファンドを選びだす難しさを次の寓話にまとめている。「二〇人のアルコール依存症患者の一人はおとなしいお酒の飲み方を身につけられるとする。経験を積んだ臨床医ならこう答えるだろう。『仮に本当だとしても、そうは思わないほうがよいでしょう。二〇人から一人を見いだすことなどできないし、そうしている間に二〇人の患者のうち五人は破滅するでしょう』。投資家は巨大な枯れ草の山から小さな針を見つけようなどとしないことだ」

＊　＊　＊　＊

ウォール・ストリート・ジャーナルの名物コラム、ゲッティング・ゴーイング（Getting Going）のコラムニストであるジョナサン・クレメンツがこう尋ねる。「勝者を選びだすことはできるのか」。その答えはこうだ。「アクティブ運用のファンドの愛好者でさえ、ほかのほとんどの投資家はインデックスファンドを選好したほうが良いと認めることが多い。しかし、自信過剰な彼らがアクティブ運用のファンドを見限ることはなさそうである。子供じみた妄想なのか。私はそう思う。フロリダ州ボカラトンに住む投資アドバイザーは、最良のパフォーマンスを残すファンドを見いだそうとすることは、『クラップス・テーブルにサイコロを転がす前に、その出目を予言しようとするような』もので、『僕にはできないし、だれにもできやしない』と言っている。十分に分散されたポートフォリオを構築するためには、株式ポートフォリオの七〇％を（アメリカの株式市場全体に連動する）インデックスファンドに投じ、残りの三〇％を海外（アメリカ外）のインデックスファンドに投じればよい」

偉大な資産運用者、優秀な学者そして正直なジャーナリストによるこれらの意見をもってしても、投資信託の過去のリターンに注目する危険性について納得しないのであれば、ファンド会社の言葉を信じればよい。投信業界のあらゆる企業が、過去のパフォーマンスは投資信託の将来のリターンを予測することにはまったく役に立たないという私の意見を認めている。すべての投資信託の目論見書、営業用の資料、そしてファンドの投資リターンを謳った広告のすべてに次の注意書きが印刷されている（たいてい、文字が小さすぎて読めないが）。**「過去のパフォーマンスは将来の結果を保証するものではありません」**。これを信じればよい。

第11章

「平均回帰」——昨日の勝者は明日の敗者

投資信託を選ぶにあたり、多くの投資家は、長期的に（大きな弱点を抱えながらも）安定したパフォーマンスよりも、短期的に優れたリターンをもとに選んでしまうように思われる。二〇一六年、投資家のキャッシュフローの純額の一五〇％以上が、モーニングスターが四つ星か五つ星を付けたファンドに流入した。なお、同社は投資家がファンドのリターンを評価するときに広く用いている統計サービスを提供している。

この「星の数によるレーティング」は、直近三年、五年、そして一〇年間のファンドの業績を総合して付けられている（新しいファンドのレーティングでは三年間しかカバーされない）。結果として、一〇年間の実績を持つファンドのレーティングでは過去二年間のパフォーマンスが三五％を占め、三～五年間運用されているファンドではそれが六五％も占めることになり、直近の短期的リターン寄りのバイアスが大きくなる。
そのような短期的な業績に基づいて付けられた星の数でファンドを選んだところでどれほどうまくいくというのだろうか。うまくいくわけがない。ウォール・ストリート・ジャーナルによる二〇一四年の調査によれば、二〇〇四年に五つ星を獲得したファンドのうち、一〇年後にも同じレーティングを付けられていたのはたった一四％にすぎないという。当初五つ星を獲得していたファンドの三六％ほどは一つ星まで下落し、残りの五〇％は三つ星以下に落ちている。つまり、ファンドのパフォーマンスは平均に回帰するか、それ以下にまで下がるのだ。

平均回帰（RTM）は、投資業界全体のデータでも確認されている。

ファンドのリターンに関して、ＲＴＭの力を示す別のデータがある。すべてのアクティブ運用のアメリカ株投信のリターンを、二〇〇六～二〇一一年と二〇一一～二〇一六年の連続する五年間で比較した**図表11－1**を検証してほしい。
各期間のリターンを五分位に分類し、もっとも優れたパフォーマンスを示したファンド

図表11－1　平均回帰（2006～2011年の５年間とそれに続く2011～2016年の５年間）

2006～2011年のランキング			2011～2016年のランキング					
	ファンド数		最高リターン	高リターン	中リターン	低リターン	最低リターン	合併・清算
最高リターン	353	20%	13%	13%	13%	25%	27%	10%
高リターン	352	20	18	15	14	21	18	12
中リターン	353	20	17	17	18	14	16	18
低リターン	352	20	15	18	20	16	8	22
最低リターン	352	20	17	18	16	10	12	26
合計	1,762	100%	16%	16%	16%	17%	16%	18%

注＝合併または清算されたファンドの総数は313本

を最上位の五分位に、パフォーマンスのもっとも悪いファンドを最下位の五分位に分類した。そして、それらのファンドが次の五年間でどのようになるかを検証している。

昨日の勝者を買うだけで、ほかを上回る業績を上げるファンドを容易に見いだすことができるのであれば、持続性が見られるはずである。つまり、一期目で勝者となったファンドの多くが次の期もその地位にとどまり、敗者は敗者のままとなるはずである。しかし、そうはならなかった。ご覧のとおり、ＲＴＭが持続性を凌駕するのである。

一期目（二〇〇六～二〇一一年）に第１五分位に分類されたファンドを見てみよう。次の五年間もその地位にとどまったのはたった一三％である。驚くべきことに、一期目の勝者のうち最低の五分位に落ちたのが二七％、下から二番目（第４五分位）に落ちたのが二五％である。さらに悪いことに、前期の勝者のうち一〇％は次の五年間を生き抜くことさえできなかったのだ。

反対から見ていくと、一期目の敗者のうち、次の期で最上位に上がったもの、つまり一期目の勝者より優れた業績を上げたのは一七％である。さらに、二期目でも引き続き業績が振るわなかったのはたった一二％にすぎず、生き抜けなかったのは二六％である。

統計の専門家でなくても、各五分位のリターンは驚くほどランダムであることが分かるであろう。各五分位が、一期目の二〇％よりも低い一六％ほどになるように、ＲＴＭが働いている。数字が低いのは、ひとえに一期目のファンドのうち一八％が、おそらくは業績不振ゆえに二期目が終わるまで生き抜くことができなかったことによるものである。

第二の検証が第一の検証を再確認する——信じられないほど正確だ。

このパターンは一回だけのことであり、継続することはないと思うかもしれない。私も同じ疑問を持った。そこで、それ以前の五年間、つまり二〇〇一～二〇〇六年と二〇〇六～二〇一一年の検証を行った。パターンは同じであった（**図表11－2**）。二〇〇一～二〇〇

図表11－2 平均回帰（2001～2006年の５年間とそれに続く2006～2011年の５年間）

2001～2006年のランキング			2006～2011年のランキング					
	ファンド数		最高リターン	高リターン	中リターン	低リターン	最低リターン	合併・清算
最高リターン	356	20%	15%	19%	15%	19%	20%	13%
高リターン	355	20	13	15	14	15	23	19
中リターン	356	20	14	13	17	17	15	24
低リターン	355	20	12	16	16	17	10	29
最低リターン	355	20	18	13	12	8	6	43
合計	1,777	100%	14%	15%	15%	15%	15%	26%

注＝合併または清算されたファンドの総数は454本

六年に最上位の五分位に位置したファンドのうち、その地位にとどまったのはたった一五％であり、二〇％は最下位まで落ちた。さらに悪いことに、一三％に当たる四五本のファンドが生き抜くことができなかった。

二〇〇一～二〇〇六年に最下位の五分位に位置した敗者のうち、一八％は次の期で最上位の五分位に上昇した。これは最上位の五分位のなかで次の五年間に最上位にとどまったのが一五％であるのと比べても良い成績である。最下位のファンドのうち引き続き業績が振るわなかったのは六％だけである。最下位の五分位のファンドのうち生き残れなかったのは一五二本（四三％）であった。

これら二つの図表のデータを見れば、ＲＴＭが繰り返し発生していることが分かるであろう。**図**

表11－1の結果と同様に、二期目の結果は本質的にランダムである。五つの五分位すべてのファンドの大部分がその後に獲得したリターンは、各五分位に（それぞれ一三～一八％の間で）ほぼ等しく分類されている。

以上のデータから、投資信託のリターンにはＲＴＭの強力な力が働いていると結論づけることができる。最上位のファンドも最下位のファンドも同じように、リターンの持続性を著しく欠いている。私は、簡単に驚くようなことはないのだが、これらのデータには本当に驚いた。これらのデータは、ファンドマネジャーの能力は持続するとした、多くの投資家やアドバイザーの仮説をはっきりと否定するものである。ほとんどの投資家はファンドマネジャーの能力は持続すると考えているようだ。だが、**それは「まぐれ」にすぎないのだ**（ナシーム・ニコラス・タレブの刺激的な著作のタイトルである）。

投資信託の世界が生んだスターがスターであり続けることはめったにない。ほとんどが流れ星である。

メッセージは明白だ。つまり、平均回帰（ＲＴＭ）――業界水準を大幅に上回る業績を

残したファンドは平均以下へと落ちる傾向――は投資信託業界においては健在だ、ということである。株式市場という暴風のなかでは、「先にいる者があとになる」のだ。しかし、より一般的な環境では、ファンドの平均値に回帰することが支配的である。だからこそ、投資信託の世界で生まれたスターがスターであり続けることはめったにないということを覚えておいてほしい。そのほとんどが流れ星であり、大空でほんのつかの間輝きを放つが、すぐに消え去り、その遺灰が静かに大地に散るのである。

年を経るごとに、現実が徐々に明らかとなる。投資信託の相対的なリターンはランダムである。確かに、能力がものを言っているケースはまれにあるが、ファンドの成功がどれだけが運によるものか、どれだけが能力によるものかを判別するには何十年もの時間が必要である。

もし私に同意できず、直近で優れたパフォーマンスを示したファンドに投資しようとしているならば、次のことを自問してみてほしい。①どれだけの期間、そのファンドマネジャーは同じスタッフと同じ戦略を持って職にとどまるのだろうか、②もしファンドの資産が何倍にも増大したら、ファンドが小規模だったときと同じ結果を維持するのだろうか、③高い経費率やポートフォリオの高い回転率がどれほどファンドのパフォーマンスを食いつぶすのか、また低い経費と回転率とがどれほどパフォーマンスを向上させるのか、④株式市場はそのファンドマネジャーのスタイルの中核となったような銘柄を支持し続けるのだろうか、と。

過去のパフォーマンスに基づいて勝てるファンドを見いだそうとするのは危険である。

要するに、直近のパフォーマンスに従って投資信託を選択することはあまりにも危険であり、たいていの場合、インデックスファンドを買えば容易に獲得できる株式市場が達成するリターンに及ばない結果となる。われわれ自身、投資信託のリターンだけでなく、われわれの人生のあらゆる場面においても見られる平均回帰という強力な原理を理解することが、どうしてそれほど難しいかを問えば理解の一助になるかもしれない。二〇一三年の著書『ファスト&スロー』（早川書房）のなかで、ノーベル賞受賞者のダニエル・カーネマンがこの疑問に答えている。

われわれの心は原因説明に偏りがちで、「純粋な統計」にはうまく対応できないのだ。何らかの出来事に反応すると、それに関連する記憶がその原因を探そうとする。……しかし、原因説明は誤りである。なぜなら、平均回帰を説明することはできるが、それには原因がないというのが真実だからである。

私の言葉だけを信じる必要はない

本書が出版されようとしているとき、エコノミスト誌のコメンテーターであるバトンウッズが、本章と同じ主張を展開した。

「二〇一三年三月までの一二カ月で、もっともパフォーマンスの良かったアメリカの株式投信の上位二五％から一つ選択すると仮定してみよう。それらのファンドのうち、二〇一四年三月までの次の一二カ月で最上位の四分位にとどまったのはたった二五・六％にすぎない。この結果は偶然ではない。その後一二カ月ごとに、この上位の一団は四・一％、〇・五％、〇・三％とふるいから漏れていく。これらすべての数字は偶然よりも悪いものである。もっともパフォーマンスの良かった上位五〇％から一つを選択しても、結果は同じである。それら上位のファンドもその地位にとどまることはできなかった。

では、二〇一二年三月までの五年間で、最上位の四分位に属するパフォーマンスを上げたファンドを選択するとしよう。そのうち、どれだけのファンドが次の五年間（二〇一七年三月まで）で最上位の四分位に入るであろうか。

その答えは、たった二二・四％であり、これもまた偶然よりも低い。実際に、二〇一二年三月までの五年間におけるスターファンドの二七・六％が、二〇一七年三月までの五年間ではパフォーマンスがもっとも悪い四分位に属することになった。投資家は勝者よりもガラクタを選ぶ可能性が高いのだ。

言い古されたことだが、『過去のパフォーマンスは将来の道しるべとはならない』という言葉はコンプライアンスか何かの専門用語ではない。単なる数学だ」

＊　＊　＊　＊

『まぐれ』の著者であるナーシム・ニコラス・タレブの言葉に耳を傾けてみよう。「コインを投げよう。表が出れば『ファンドマネジャー』は年に一万ドル稼ぎ、裏ならは一万ドル失う。『一万人のファンドマネジャー』で初年度のゲームを行う」。初年度には、五〇〇〇人のファンドマネジャーが一万ドル勝ち、五〇〇〇人が一万ドル負けることになる。では、次の年のゲームに移る。すると、二年連続で勝ったのは二五〇〇人のファンドマネジャーとなり、翌年は一二五〇人、四年目で六二五人、五年目で三一三人となる。

われわれは公平なゲームをしているだけだが、五年間連続でお金を稼いだのは三一三人のファンドマネジャーである。『一〇年後、当初の一万人のうちたった一〇人、つまり〇・一%だけが毎年、コインの表を出したことになる』。運だけだ……無能なファンドマネジャーだけを対象としても、優れた結果が出る可能性が少しは残るのである……特定の市場で優れた成績を残すファンドマネジャーの数は、彼らが利益を生み出す能力よりも、投資事業（歯学科に通うかわりに）に取り組んだ人間の数に依存するのだ」

＊　＊　＊　＊

これは理屈にすぎると思われるかもしれないので、次に実践的な意見を示す。マネー誌に掲載された、フィラデルフィアで評判の投資顧問会社ＡＪＯのテッド・アロンソンとの対話を見てみよう。

Q パッシブ運用のインデックスファンドではなく、アクティブ運用のファンドに投資するのは、信念の表れ・信頼の証しとしての行動だとおっしゃいました。どういう意味でしょうか。

A 通常の環境下であれば、ファンドマネジャーが運ではなく、能力があることを統計的に示すためには二〇～八〇〇年かけてパフォーマンスをモニターする必要があります。ファンドマネジャーの運が良かっただけではないことを九五％確実にするために、一世紀近くが容易にかかってしまうのです。これはほとんどの投資家が考える「長期的」よりも長いものです。有能であることをたった七五％確実にするためでさえ、そのファンドのパフォーマンスを一六～一一五年追いかけなければならないのです……投資家たちは、資産運用業が実際にはどのようになっているかを知る必要があります。それはインチキ、不公平なゲームなのです。

Q　あなたはどこに投資していますか。

A　バンガードのインデックスファンドです。バンガードインデックス五〇〇を二三年間保有しています。税金も考慮したら、アクティブ運用には決定打に不利になります。個人的には、インデックス運用の楽勝だと思います。税引き後で言えば、アクティブ運用がインデックス運用に勝てる見込みはまったくありません。

＊　＊　＊　＊

最後に、ウォール・ストリート・ジャーナルのコラムニストで、**『新賢明なる投資家』『金融版　悪魔の辞典』『グレアムからの手紙』**（いずれもパンローリング）などの著作のあるジェイソン・ツバイクが、パフォーマンスを追い求めることを辛辣な一文にまとめている。「過去のパフォーマンスだけを頼りにファンドを買うことは、投資家ができるもっともバカげたことのひとつである」

第12章

ファンドを選ぶためにアドバイスを求めるのか
――転ばぬ先の杖

第10章と第11章で示した証拠が二つの教訓を与えてくれている。①長期にわたって勝てる株式ファンドを選択しようとすることは枯れ草のなかから針を見つけだすに等しい、②比較的短期間のパフォーマンスに従って勝てるファンドを選択しようとすることは災難とまではいかなくとも、ガッカリする結果となる可能性が高い。

では、このような自前の「日曜大工」的手法はあきらめて、プロのアドバイスに頼ったらどうだろうか。ファイナンシャルコンサルタント（ウォール街の株式ブローカーに与えられる称号だ）や投資顧問の登録業者（ＲＩＡ［登録投資顧問業者］、これは手数料ベースではなく、通常「フィーオンリー」で仕事をするブローカー以外の業者に与えられる称号である）、または変額年金保険のような投資「商品」を提供する保険外務員（要注意）などに聞いてみるのだ。

RIAが投資家への助力に主要な役割を果たす。

本章では、投資コンサルタントの価値に関する疑問に答えようと思う。私がアドバイザーの能力を疑っており、彼らはポートフォリオに優れたリターンをもたらす株式ファンドを選択する役には立たない（それができる者もいるだろうが、ほとんどの者はできない）と考えていることは分かってもらえるであろう。

プロの投資アドバイザーは、アセットアロケーションの指南や税務問題に関する情報、また現役時にどれだけ貯蓄し、引退後にどれだけ必要かというアドバイスなど、ほかの有益なサービスを提供するには適している。さらに、ほとんどのアドバイザーは金融市場について相談するために存在しているのだ。

アドバイザーは、将来に備えるよう促すことはできる。彼らは、投資と密接な関係を持つ、追加的な投資判断に取り組む手助けはできる（たとえば、子供たちの教育資金を積み立てたいときとか、住宅の購入資金を調達したいときなど）。経験豊富なアドバイザーであれば、投資という高速道路にある穴を避ける手助けをしてくれる（大ざっぱに言えば、彼らは過去のパフォーマンスを追い求めたり、市場のタイミングを計ろうとしたり、ファンドのコストを無視するようなバカげた過ちを避ける手助けをしてくれる）。さらに、これらの重要なサービスを通じて投資計画の実行を助け、リターンを改善させることができれば申し分ない。

大部分の投資家は、良かれ悪しかれ、わが国の金融制度を覆う複雑な濃霧をくぐり抜けるためにブローカーやアドバイザーを頼るのである。投資信託に投資している五五〇〇万のアメリカの家計のうち七〇％ほどが仲介業者を通じて投資を行っているという広く受け入れられていることが正しいのであれば、一五〇〇万家計が「日曜大工」の道を選択していることになる。残りの四〇〇〇万家計がプロの助言者に頼って投資判断を下しているのだ（これはまさに、まえがきでゴットロックス家の助言者の話をしたときに記した失敗する戦略である）。

助言者――価値を付け加えているのか、破壊しているのか。

これらの助言者たちがポートフォリオに組み入れる投資信託を選択するにあたり、どれほどの価値を付加しているのか、それとも破壊しているのか正確には分からない。しかし、助言者たちの能力が平均以上（費用を考慮する以前でさえ）だとは考えにくい。つまり、株式ファンドの選択に対する彼らのアドバイスが顧客にもたらすリターンは、一般的なファンドのリターンとさして変わりはなく、それゆえS&P五〇〇指数で代表される株式市場に年に数パーセント及ばないことになる（第4章参照）。

とは言え、投資アドバイザーたち（RIAやブローカー）が推奨するファンドの選択が平均よりも優れたものである可能性も検証したいと思う。第5章で説明したとおり、彼らがコストのもっとも低いファンドだけを選択しているのだとしたら（これをするのにロケットサイエンスは必要ない）、一般よりは優れたものとなろう。彼らが目敏くも回転率の高いファンドは税務上非効率であることを認識していれば、彼らは取引コストと税金という点で重要かつ追加的なポイントを上げることになる。多くのアドバイザーがするように、これら二つの方針に基づき、コストの低いインデックスに特化すれば、顧客にとってはかなり有益なものとなろう。

流行に飛び乗らずに済めば……。

プロの投資コンサルタントが賢くかつ幸運にも恵まれ、顧客が最新の人気商品（たとえば、一九九〇年代後半のハイテク株騒動を反映した「ニューエコノミー」銘柄に投資するファンド）に飛び乗るようなことを防ぐことができれば、彼らの顧客はファンド投資家が手にする残念な結果を容易に上回るリターンを獲得することができる。ここで、第7章で算出した平均的な株式ファンドに比べて、さらに年一・五％ほど及ばないという件を覚えているだろうか。思い出してほしいのだが、株式市場が堅調であった一九九一年から二〇一六年にかけて、シンプルなS&P五〇〇インデックスファンドが年九・一％のリターンを上げる一方で、平均的な投資家が手にしたリターンは名目値で六・三％にすぎなかったのだ。

残念ながらアドバイザーの視点に立てば、RIAやブローカーたちが推奨したファンドのリターンが、平均的なファンド投資家が獲得したリターンを上回ったという証拠は存在しない。実際に、証拠は反対のことを示している。ハーバード・ビジネススクールの教授陣が主導した研究チームの研究では、一九九六～二〇〇二年の間に、「ブローカーを通じて取得されたファンド（営業マンの雇用者が運用しているファンド）は、投資家が直接取得したファンドに比較して、年九〇億ドルほどアンダーパフォームしている」と結論づけられている。

アドバイザーが推奨するファンドの年間リターンの平均は二・九％、推奨を受けずに直接買った株式ファンドの年間リターンは六・六％。

具体的に記すと、研究の結果、ブローカーやアドバイザーによるアセットアロケーションは特段優れたものではないこと、彼らは市場のトレンドを追っていること、そして顧客である投資家たちはかなり高い前払いの費用を支払っていることが分かった。この研究は次のように結論づけている。**「アドバイザーに頼っている投資家が保有する株式ファンドの加重平均リターン（前払いの費用または償還時に支払う費用を除く）はたった年二・九％であるのに対し、投資家が自分だけの判断で買ったファンドの平均リターンは年六・六％であった」**

しかし、このような明白な証拠があるにもかかわらず、研究員たちはアドバイスが全体としてマイナスの価値を生んでいるとはっきり結論づけることはなかった。彼らのリポートにはこうあった。「われわれは、大きな目に見えない利益が存在する可能性をいまだ否定しておらず、そのような目に見えない利益を見いだし、一流のアドバイザーたちを信頼する人たちの家計を改善するアドバイザーたちを突き止めるために、さらなる調査を行うつもりである」

メリルリンチの大失敗——ケーススタディ。

株式のブローカー（ＲＩＡとは異なる）を利用することが、ファンド投資家が獲得するリターンに大きなマイナスの影響を与えているさらに強力な証拠がある。フィデリティ・インベストメンツの求めに応じて行われた一九九四～二〇〇三年までの一〇年間を対象とする研究によると、ブローカーが運用するファンドは、ほかのファンド（ほかのファンドとは未上場企業の資産運用会社や上場している資産運用会社や金融コングロマリットの資産運用会社や銀行の資産運用会社が運用するファンド）に比べるとレーティングがもっとも低いという。

フィデリティの研究では、メリルリンチのファンドは業界平均よりも一八％も低いのだ。ゴールドマン・サックスとモルガン・スタンレーのファンドは平均よりも九％低い。ウェルズ・ファーゴとスミス・バーニーのファンドは一〇年間のリターンで見ると、八％も低い。

このパフォーマンスの悪さの一因は、その職の性質にある。証券会社、その企業に勤めるブローカーやファイナンシャルコンサルタントは日々何かを売らなければならないのだ。それができなければ、彼らは生き残ることができない。証券会社が新しいファンドを立ち上げれば、ブローカーたちはそれをだれかに売りつけなければならないのだ（だれも何も売りつけず、株式市場が終日閑散としている様子を想像してみればよい）。

二つの誤った考え――フォーカス・トゥウェンティ・ファンドとインターネット・ストラテジー・ファンド。

この明白な例がメリルリンチの大失敗をはっきりと示している。証券会社に頼る投資家が直面する壊滅的な困難の衝撃的な例である。二〇〇〇年三月、インターネット銘柄の熱狂にあおられたバブルがその頂点に達するころ、世界最大の証券会社であるメリルリンチは流行に飛び乗り、二つの新しいファンドを売り出した。一つは「フォーカス・トゥウェンティ」ファンド（当時流行したファンドマネジャーのお気に入り一〇〇銘柄が優れたものであれば、そのうち二〇銘柄はさらに優れたものであるという理屈に基づいたもの）、もう一つは「インターネット・ストラテジー」ファンドである。

これら二つのファンドの売り出しは驚くほどの成功を収めた。メリルのブローカーたちは彼らを信頼する（もしくはパフォーマンスを追い求める）顧客から、フォーカス・トゥウェンティに九億ドル、インターネット・ストラテジーに一一億ドルと計二〇億ドルを引き出したのだ。

メリルリンチのマーケティングは成功したが、顧客の投資は失敗した。

しかし、これらのファンドのその後のリターンは大失敗であった（これは驚くべきことではない。新しいファンドを投資家に売る最良のタイミング、つまり人気があるときというのは、それを取得するには最悪のタイミングであることが多い）。インターネット・スト

ラテジーはあっという間に暴落。その資産価値は二〇〇〇年を通じて六一％下落し、二〇〇一年一〇月までにはさらに六二％下落した。それまでの期間を通じた損失の総額はなんと八六％である。

ファンドの投資家のほとんどが受益権を売却し、大きな損失を被った。当初、一一億ドルあったファンドの資産が一億二八〇〇万ドルまで減少すると、メリルリンチはインターネット・ストラテジーを温かく葬ることを決め、メリルの別のファンドと合併させたのだ（存続しているかのように処理したことが、同社にとっては恥の上塗りとなった）。

大失敗の投資――顧客は資産の八〇％を失った。

フォーカス・トゥウェンティの損失はそこまでひどいものではなかったが、それでもひどいものであった。資産価値は二〇〇〇年に二八％、二〇〇一年にはさらに七〇％、二〇〇二年には三九％減少したが、その後の三年間でやっとプラスのリターンを上げることになる。その結果、二〇〇六年後半までの累積リターンは、マイナス七九％となった。投資家は継続的に資本を引き出し、二〇〇〇年にはおよそ一五〇億ドルにまで達したファンドの資産は、現在八二〇〇万ドルと低迷している。九五％の減少である。いとこのインターネット・ストラテジーとは異なり、フォーカス・トゥウェンティは粘り強く頑張っており、現在はブラックロック・フォーカス・グロースと名を変えている。ここから得られる教訓がある。メリルリンチ・インターネット・ストラテジー・ファンドとフォーカス・トゥウェンティ・ファンドの二〇億ドルに上るマーケティングの成功は、同社の顧客にとっては災難な投資であり、彼らは虎の子の貯蓄を八〇％も失ってしまったのだ。

ファイナンシャルコンサルタントの価値。

彼らの期待外れな結果や証券会社メリルリンチの大失敗の例があるにせよ、ＲＩＡは多くの方法で投資家に価値をもたらすことができる。多くの、いやほとんどの投資家に対して、ファイナンシャルアドバイザーは安心感を与えるという価値あるサービスを提供していると思っている。つまり、報酬に対する姿勢やリスク許容度に合った賢明なポートフォリオを構築したり、投資信託に投資することの複雑さやニュアンス、またそれに付随する課税問題に取り組んだり、荒れ狂う海で難破しないようにする手助けをするのだ。しかし、これまで見てきた証拠によれば、それらのサービスが必要であればあるほど、アドバイザーは市場に勝つファンドを選択するということに対して何ら価値を付けることができない、また頼れる存在とはならないという私の当初の仮説が改めて証明された形だ。

ロボットアドバイザーの隆盛。

近年、投資家にアドバイスを提供する新たな方法が開発された。多くの新会社が記録管理技術を利用し、対面でのやり取りをほとんどすることなしに、投資家に直接「ロボットによるアドバイス」を提供している。

これらの企業は税制上の利点を強調するとともに、一方で債券と株式のインデックスファンド間でアセットアロケーションを行うポートフォリオを買い持ちすることを推奨するのが一般的である。通常、彼らは流動性に優れ、多くの資産運用会社が顧客に課している乗り換え制約のないＥＴＦ（株価指数連動型上場投資信託）に焦点を当てる。

ロボットアドバイザーは急速な成長を示した。二〇一七年、ロボットアドバイザーのパイオニア二社は、顧客の預かり残高がおよそ一〇〇億ドルになったと発表した。しかし、Ｒ

IAのサービスを受ける投資家の資産総額からすれば、ロボットアドバイザーはほんのわずかな役割を演じているにすぎない。年間の手数料が極めて低い（たいてい〇・二五％程度）ので、今後彼らは助言の分野で大きな地位を得ることになるかもしれない。

簡潔さが複雑さを打ち負かす。

時代遅れの事例かもしれないが、本章が示す証拠は複雑な投資戦略が直面する難問の存在を気づかせるものである。つまるところ、広範な市場に連動するコストの低いインデックスファンドを取得し、永遠に保有することが大多数の投資家にとっては最適な戦略のようだ、ということをこの証拠が示している。

投資アドバイスを提供するRIAや株式ブローカーや保険外務員を使おうと考えているのであれば、次の点に留意されたい。彼らを雇えば、確実に手数料を支払うことになり、アドバイザーに支払う手数料はポートフォリオがもたらした如何なるリターンにも大きな負担になる、ということだ。ほとんどの投資顧問料が年一％程度から始まり、徐々に低下していく傾向にあるので、アドバイザーが提供する無意味なサービスの価値と、リターンを減少させる彼らの手数料とをはかりにかけなければならない。最終的に、そして当然ながら、モデルポートフォリオで株式や債券のインデックスファンドを推奨したアドバイザーには好意的に接しよう。

受託者責任。

本章を終えるにあたり、プロの投資アドバイスに頼って投資信託のポートフォリオを選択したり、運用したりしている顧客たちに良いニュースを提供したいと思う。現在、アドバイザーに対する受託者責任を定める連邦基準を確立しようという流れになっている。要するに、アドバイザーたちは投資家の利害を第一とすることを求められる、ということだ。二〇一六年に労働省が承認した基準は、投資家にＩＲＡ（個人退職勘定）、四〇一ｋ、四〇三ｂなどの年金積立制度を提供する企業と個人にだけ適用される。ＲＩＡは既存の法律によってすべての顧客に対する受託者責任を求められているが、株式のブローカーや保険外務員に「顧客第一」という原則を適用するまでにはまだ道のりが長い。

最終的には、新たな基準が年金積立制度だけでなく、すべての顧客のすべての口座を対象とすべく拡張されなければならない。しかし、いまなお二〇一七年に施行される既存の基準を緩和または廃止しようとする超党派の動きが見られる。だが、たとえ現在の提案が最終的に通らなくても、顧客を第一とすべしという受託者責任の原則は広まることであろう。投資の弧は長いが、受託者責任に向かっているのだ。

私の言葉だけを信じる必要はない

広く尊敬を集める投資アドバイザーのウィリアム・バーンスタインが著書『ザ・フォー・ピラーズ・オブ・インベストメント・ウィズダム（The Four Pillars of Investment Wisdom）』に記した言葉を見てみよう。「アドバイザーが、推奨したことで得られる報酬ではなく、純粋に投資の効果に基づいて投資対象を選択していることを確かめたいと思うであろう。

ロードファンドや保険商品、リミテッド・パートナーシップや分離口座を推奨していたら、それは警告のサインである。あなたとあなたのアドバイザーが同じチームであることを確認する最良かつ唯一の方法は、その者が『フィーオンリー』、つまりあなた以外の者から如何なる報酬も得ていないことを確かめることだ。

だが、『フィーオンリー』にも落とし穴はある。アドバイザーの手数料は適切であるべきだ。資金を運用するのに一％以上の報酬を受け取る価値のある者などいない。一〇〇万ドル以上の資金であれば〇・七五％、五〇〇万ドルであれば〇・五％以上支払う必要などないのである。……

アドバイザーは可能なかぎり株式をインデックス運用するパッシブファンドを利用すべきである。仮にインデックスに勝てるファンドを見いだすことができると言っているとしたら、それはあなたと自分自身とを欺いていることになる。私はパッシブのインデックス運用にこだわることを『アセットクラス教』と呼んでいる。その信仰のない者を雇うのはやめなさい」

第13章

簡潔さと倹約の王から利益を得る
――株式市場に連動するコストの安い伝統的なインデックスファンドを保有せよ

これまでの章で学んだ教訓とは何であろうか。

●コストがものを言う（第5章、第6章、第7章）
●過去の長期的なパフォーマンスに従って株式ファンドを選択するのは有効ではない（第10章）
●ファンドのリターンは平均に回帰（RTM）する（第11章）
●たとえそれが最良の意図を持ったものでもアドバイスに頼ることは一時的にしか有効でない（第12章）

コストが低いことが良い（コストが低いことが良いという考えに反対するアナリストや学者や業界の専門家は一人もいないと思う）ことなのであれば、全体でもっともコストの低いファンド、つまり株式市場全体を保有する伝統的なインデックスファンド（ＴＩＦ）に焦点を当てることが合理的である。最大規模のＴＩＦには、年間の経費率が〇・〇四％ほどで、ポートフォリオの回転に伴うコストもゼロに近いものもある。つまり、そのようなファンドの全コストは年にたった四ベーシスであり、第５章で紹介したもっともコストの低い四分位に属するファンドの九一ベーシスを九六％も下回るものである。

さらに、それらのファンドは投資手段として立派に機能する。これまでの章で見てきたとおり、過去二五年間、そして直近一〇年間における平均的な株式ファンドに対するＳ＆Ｐ五〇〇インデックスファンドの現実的な優位性を見れば分かる。インデックス運用のこれまでの成功は説得力があり、また議論の余地のないものだ。向こう一〇年間、株式のリターンが振るわない時期が到来することを踏まえ、簡単な計算という冷徹なルールを巡る議論も、将来の姿を予想する最終的な統計数字をもって終わりにしようではないか。

モンテカルロ・シミュレーション。

実際に、統計数値を用いて、パッシブ運用のインデックスファンドがさまざまな期間でアクティブ運用の株式ファンドを凌駕する可能性を推定することができる。「モンテカルロ・シミュレーション」（一般的なモンテカルロ・シミュレーションでは、長期間［一世紀ということもある］にわたる株式の月次リターンを用いて、ランダムに出力させ、何千にもなる仮定のポートフォリオが生み出す年率のリターンを算出する）と呼ばれる複雑な方法である。株式ファンドのリターンのボラティリティや株式市場がもたらすリターンからの乖離幅、また株式投資にまつわるすべてのコストなど、いくつか簡単な仮定を立てる。ここでは、インデックスファンドのコストを年〇・二五％、アクティブ運用のそれを年二％とする（インデックスファンドはもっと低いコストで取得できるし、もっと高いコストがかかる株式ファンドもたくさんある。そのため、この仮定はアクティブ運用のファンドに大幅に有利となる）。

以上の結果、平均すると、一年間ではおよそ二九％のアクティブ運用のファンドがインデックスを上回ることが予想され、五年間ではそれがおよそ一五％となる。五〇年間では、勝つと予想されるアクティブ運用のファンドはたった二％にすぎない（**図表13－1**）。

図表13－1　アクティブ運用のポートフォリオがパッシブ運用のインデックスファンドに勝つ可能性

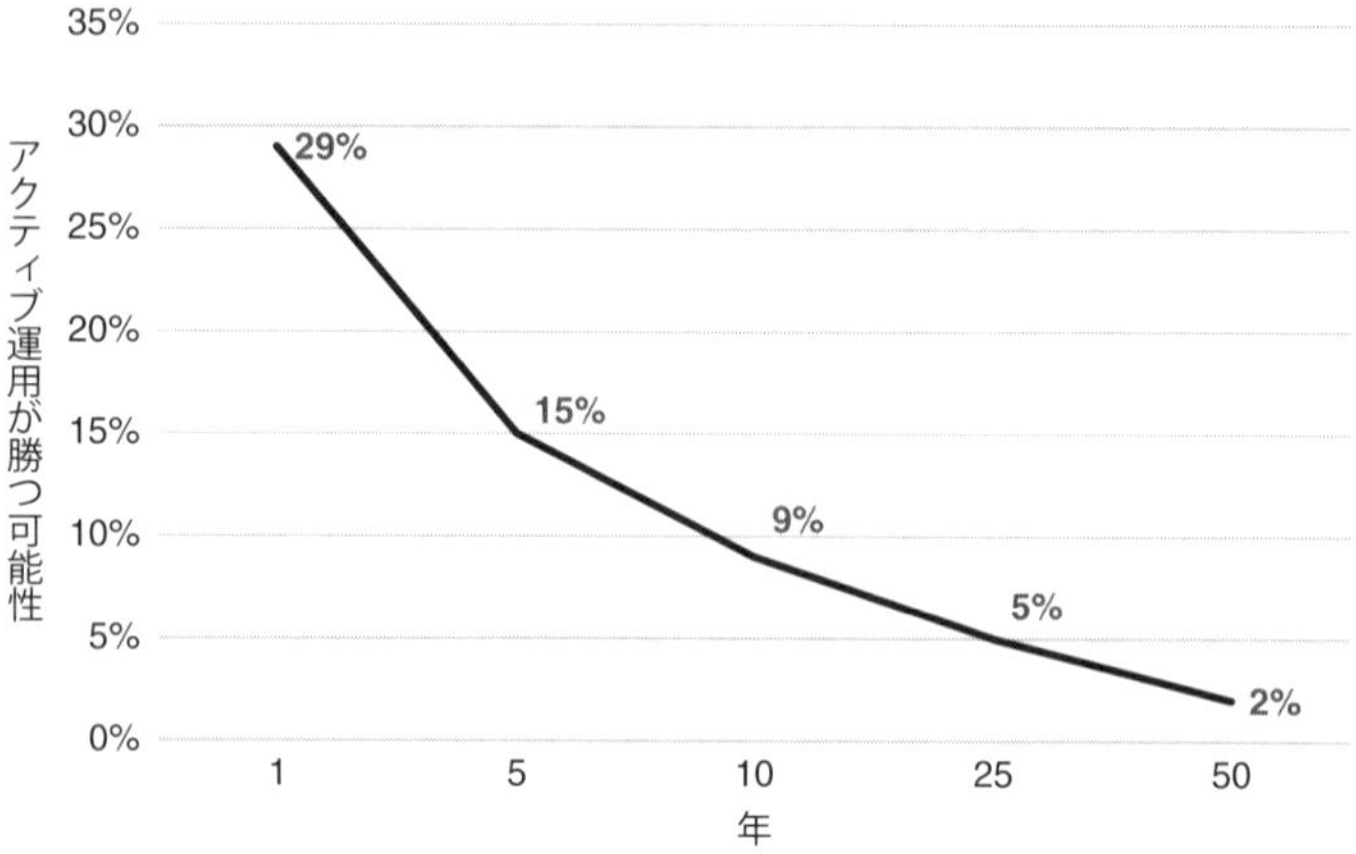

倹約帝国の簡潔閣下。

では、実際に将来はどうなるであろうか。もちろん、確実なことは分からない。しかし、過去二五年と同じようなことになることは理解できるし、一九七〇年以降、三五五本のファンドのうち、株式市場のインデックスを二%以上上回ったのはたった二本にすぎないことを第10章で見てきた。さらに、それら勝者の一つが当初の優位性を失ってからすでに二〇年以上が経過している。つまり、われわれの統計が示す確率は正しいようである。この数字が示し、さらには求めるところは、インデックスファンドは、私のポートフォリオの大部分を占めているのと同じように、ポートフォリオの重要な部分を占めるだけの価値があるということである。

株式や債券市場でのリターンが振るわないと予想される時期には、ファンドのコストは今まで以上に重要になる。さらに、投資信託は金融市場がもたらすあらゆるリターンをとらえることができるという幻想から、多くの投資信託の投資家が自分が購入したファンドのパフォーマンスのリターンはより低いものになるという認識を持つようになればなおさらである。これまで何度も述べてきたが、そのようななかインデックスファンドは、「倹約帝国の簡潔閣下」となるのである。

繰り返し記すが、ファンドの経費率、購入時手数料、回転にかかるコスト、税金、すべての些末なコスト、生活費の上昇（インフレ）など、これらすべての煩わしいコストが長きにわたって、われわれの投資資金の実質購買力を確実に蝕んでいくのである。さらに、ファンドの投資家がファンドの公表しているリターンを確実に手にすることなど極めてまれなのだ。

私の結論は、数学的事実、つまり簡単な計算という冷徹なルールに基づくものである。

われわれが将来手にすることのできる市場リターンに関する私の結論は間違っているかもしれない。高すぎるかもしれないし、低すぎるかもしれない。しかし、ファンドがもたらすリターンの分け前、われわれ投資家が実際に享受できるリターンの分け前に関する私の結論には共通することがある。それは意見に基づくものではなく、勝てるファンドを見いだそうとすることは数学的事実、つまり枯れ草に針を見いだそうとするに等しいという簡単な計算という冷徹なルールに基づくものである。この鉄則を無視すれば、痛い目に遭うことになる。

投資で成功するための道のりが、危険な曲がり角や巨大な落とし穴に満ちているならば、シンプルな計算で危険な曲がり角や落とし穴を避けることができることを忘れてはならない。だからこそ、最大限分散し、投資コストを最小化し、投資家のほとんどが経験するような混乱を引き起こさないよう感情を抑えなければならない。自らの常識に頼るのだ。S&P五〇〇インデックスファンドや株式市場全体に連動するインデックスファンド（それらはほとんど同じだが）を重視するのである。自らのリスク許容度と、投資額のうち株式に充当する割合とを注意深く検討するのだ。そして、やり続けることである。

すべてのインデックスファンドが同じではない。投資家が負担するコストには大きな差がある。

重要なことであるが、すべてのインデックスファンドが同じではない、ということを付け加えるべきであろう。インデックスに基づいたファンドのポートフォリオは似かよっているが、そのコストは一律ではない。経費率が非常に低いものもあれば、常軌を逸した高いものもある。ノーロードファンドもあれば、通常は向こう五年間に分けて購入時手数料を支払う選択ができるファンドも三分の一ほどある。また、一般的な証券会社の手数料を徴収するものすらある。

S&P五〇〇指数に連動するファンドを運用する主要な投信会社一〇社が提供するコストの低いファンドと高いファンドの経費率の差は驚くことに、一年で資産の一・三％にもなるのだ（**図表13－2**）。さらに悪いことに、コストの高いインデックスファンドは投資家

図表13－2　S&P500インデックスファンドのコスト

	年間経費率	購入時手数料
低コストのインデックスファンドの上位5社		
バンガード500インデックス・アドミラル	0.04%	0.0%
フィデリティ500インデックス・プレミアム	0.045	0.0
シュワブ・S&P500インデックス	0.09	0.0
ノーザンストック・インデックス	0.10	0.0
T・ロー・プライス・エクイティ・インデックス500	0.25	0.0
高コストのインデックスファンドの上位5社		
インベスコ・S&P500インデックス	0.59%	1.10%
ステート・ファーム・S&P500インデックス	0.66	1.00
ウェルズ・ファーゴ・インデックス	0.45	1.15
ステート・ストリート・エクイティ500・インデックス	0.51	1.05
JPモーガン・エクイティ・インデックス	0.45	4.80

に購入時手数料を課してもいる。

コストの低いS&P五〇〇インデックスファンドのなかでも、経費には大きな差があることが分かる。提督級であるバンガードのインデックスファンドの経費率は〇・〇四％と極めて低いが、T・ロー・プライスのファンドは〇・二五％かかっている。コストの高いインデックスファンドよりは低いかもしれないが、T・ロー・プライスのそれは「低い」とは言い難い。年利六％で二五年間運用するとしたら、T・ロー・プライスに投じた一万ドルは四万四五八ドルになる計算だ。経費率が〇・〇四％と本当にコストの低いインデックスファンドであれば、一万ドルの投資資金は四万二五一六ドルとなり、コストのより高いインデックスファンドよりも二〇五八ドルも多くなるのだ。ちょっとしたコストの差がこれほどにものを言うのである。

今日、S&P五〇〇指数に連動する伝統的なインデックス投信は四〇本ほどあるが、そのうち一四本のファンドが一・五～五・七五％の購入時手数料を課している。賢明なる投資家であれば、購入時手数料がかからず、最低限の費用で運用されているインデックスファンドだけを選択するであろう。もはや驚くことではないが、これらのコストが、ファンドが受益者にもたらすリターンの純額にダイレクトに響いてくるのである。

二つのファンド。一つの指数。異なるコスト。

インデックスファンド第一号は一九七五年にバンガードが組成したものである。第二号が登場するまでに九年を要することになったが、一九八四年一月にウェルズ・ファーゴ・エクイティ・インデックスファンドが立ち上がる。以来、このファンドのその後のリターンは元祖バンガード五〇〇・インデックスファンドのそれと比較が可能だ。

どちらのファンドもS&P五〇〇をベンチマークとしている。バンガードインデックス五〇〇ファンドの購入時手数料は募集開始から数カ月のうちに廃止し、現在は一万ドル以上を投資する投資家に対して年〇・〇四%（四ベーシス）の経費率で運用されている。

対照的に、ウェルズ・ファーゴのファンドには五・五%の購入時手数料がかかり、経費率も平均すると年〇・八〇%となる（現在の経費率は〇・四五%）。当初から不利なファンドは、年を追うごとに窮地に追い込まれていくのである。

選択したインデックスファンドがその運用会社にとっての金の成る木であってはならない。それは投資家自身の金の成る木であるべきだ。

一九八四年以降の三三年間で、当初はわずかだった差によって、バンガードのファンドが二七%も大きな価値を生むことになる。当初投資された一万ドルは、二〇一七年が幕を開ける時点でバンガード五〇〇インデックスファンドでは二九万四九〇〇ドルとなり、ウェルズ・ファーゴ・インデックスファンドでは二三万二一〇〇ドルとなる。**すべてのインデックスファンドが同じではないのだ。**賢明なる投資家であれば、定評ある運用会社が提

供するもっともコストの低いインデックスファンドを選択することであろう。

数年前、ウェルズ・ファーゴの代表者が、これほど高い手数料を同社はどのように正当化するのかと尋ねられたことがある。その答えはこうだ。「ご理解いただけていないようですね。それはわれわれの金の成る木なのですよ（つまり、運用会社に多額の利益をもたらす、ということだ）」。コストのもっとも低いインデックスファンドを注意深く選択することで、ファンドを運用会社にとっての金の成る木ではなく、投資家自身にとってのそれにすることができるのである。

市場が効率的であろうとなかろうと、インデックス運用は有効である。

インデックス運用はS&P五〇〇を構成する大型株などの極めて効率的な分野では合理的であるが、小型株やアメリカ以外の市場のような非効率な市場ではアクティブ運用に分があると一般には考えられている。しかし、この主張が誤りであることが分かっている。
第3章の**図表3－3**で示したとおり、インデックス運用はどの分野でも完璧に機能するのだ。また、そうでなければならない。つまり、市場が効率的であろうがなかろうが、すべての投資家はその分野がもたらすリターンを手にするのだ。非効率的な市場では、もっとも成功した投資家があり得ないほど大きなリターンを手にすることができるが、それはつまりほかの投資家があり得ないほど大きな損をしているということだ。株式市場のあらゆる分野において、すべての投資家は全体としてはアベレージであり、そうであるはずなのだということを忘れてはならない。

アメリカ外のファンドもベンチマークとなるインデックスを追いかけている。

アメリカ外のファンドでも、ファンドマネジャーが非効率と思われる市場で勝つのは比較的容易だという同様の主張がなされている。だが、無駄な努力だ。S&Pのリポートによれば、国際的なインデックス（アメリカを除く世界市場）は、過去一五年間で、アメリカ外の株式市場でアクティブ運用を行うファンドの八九％を凌駕しているという。

同様に、S&Pの新興市場指数は新興市場ファンドの九〇％を上回る結果を残している。効率的な市場でも非効率な市場でも、またアメリカ市場でも世界市場でもインデックス運用がこれほど成功しているとしたら、あらゆる種類のインデックスファンドを擁護するために、ほかにどのようなデータが必要となるのか私には分からない。

ギャンブルへの戒め。

注意　特定の市場セクターに投資するにはインデックスファンドを通じて行うのがもっとも効率的であるが、勝てるセクターにだけ賭けることは、まさに賭けである。**賭けは敗者のゲームだ。**

なぜだろうか。投資家が獲得するリターンに対して、感情が強力なマイナスの影響を及ぼすことが確実だからである。それぞれのセクターがどれだけのリターンをもたらそうとも、そのセクターの投資家が手にするリターンはそれよりも小さなものとなる傾向にある。今日もっとも人気のあるセクターファンドは、直近でもっとも優れたパフォーマンスを上げたファンドであるという証拠が山ほどある。結果として、事後の人気に基づく取引戦略は、投資として失敗するためのレシピとなるのだ。

どの市場セクターに賭けようかと考えているならば、跳ぶ前に見よ、である。それはギャンブルほどエキサイティングではないかもしれないが、株式市場の指数に連動する伝統的なインデックスファンドを底値で取得することが究極の戦略となる。それが投資の黄金律であることは数学的にも確かである。彼らは一生懸命に取り組んでいるのかもしれないが、アクティブ運用という錬金術師は手持ちの錫や銅や鉄を金に変えることはできないのだ。複雑さを避け、簡潔さと倹約を頼りにすれば、投資は花開くことであろう。

私の言葉だけを信じる必要はない

五〇年間で株式市場に勝てる株式投信は全体の二%にすぎないという私の計算を悲観的にすぎると考えるかもしれない。もしそうなら、クレディ・スイスの主任市場ストラテジストで、コロンビア・ビジネススクールの非常勤教授であり、ベストセラーとなった『投資の科学――あなたが知らないマーケットの不思議な振る舞い』(日経BP社)の著者であるマイケル・J・モーブッシンの推定を検証してみればよい。私は二%、つまり向こう五〇年間で株式市場に勝てるのは五〇本のうち一本のファンドだけであると推定したわけだが、モーブッシンは一五年間継続的に勝てるのは二二万三〇〇〇に一つ、二一年間では三一〇〇万に一つと考えているのだ。いずれにせよ、市場全体に連動するインデックスファンドに打ち勝つ可能性は悲惨なほどに小さい。

＊　＊　＊　＊

広く尊敬を集めるバークシャー・ハザウェイのウォーレン・バフェットのパートナーであるチャーリー・マンガーの言葉に耳を傾けてみよう。彼は、複雑な投資のバカバカしさを避け、簡潔さを求めるよう雄弁に語っている。「近年、巨大な慈善基金がより複雑なことへとかじを切っている。ある寄付基金では、少なくない人数の投資カウンセラーを雇っている。彼らは、どの投資カウンセラーが最良かを判断するために雇われたコンサルタントの一群によって選ばれた者たちである。このカウンセラーたちは、さまざまな分野に資金を分散する手助けをし、その投資スタイルは正確に実行されていると請け合う……さらに投資銀行に雇われた株式アナリストという第三の一群がいるのだ。

この複雑極まる状況で確実なことが一つある。資産運用にかかるすべてのコストと、巨額の投資ポジションを頻繁に動かすことでのフリクショナルコストを合計すれば、年間で基金の資産価値のゆうに三％にもなってしまうということだ。すべての株式投資家にとっては、自ら選んだ元締めたちにかかるコストの総額に等しいだけ年間のパフォーマンスが悪くなることが確実である。

投資家の半分は、元締めが食い扶持を確保したあとでは平均以下の結果しか手にできないことになるのは確実で、その平均的な結果も面白くもないか、ひどいありさまのものである。もっと賢い選択肢は、株式のインデックス運用に切り替えることで、コンサルタントを追い払い、投資の回転率を低減させることである」（ここでも再び、ゴットロックス家の影がちらつく）

第14章

債券ファンド
――ここでも簡単な計算という冷徹なルールが支配する

これまで、株式市場、株式投信、そして株式のインデックスファンドに常識を当てはめてきた。だが、これまで説いてきた簡単な計算という冷徹なルールは債券ファンドにも当てはまることを、説得力を持って、さらに力強く伝えたいと思う。

その理由はおそらく明白であろう。株式市場とそこで取引される個別株はほとんど無限とも思える数の要素に影響を受けるが、投資家が債券市場で獲得するリターンを決めるのはたった一つの要素である。そのときの金利だ。

債券ファンドのファンドマネジャーが金利に影響を与えることなどできはしない。市場の金利が気に入らないからといって、財務省やＦＲＢ（米連邦準備制度理事会）に電話をしたり、需給均衡を操作しようとしても、何も生まれないであろう。

賢明なる投資家はなぜ債券を保有するのか。

長期にわたり株式が債券よりも概して高いリターンをもたらしていることは歴史が教えている。この関係はこれからも続くと思われるが、株式や債券の将来のリターンは過去の水準よりも低いものになると予測するのが合理的だ。

第9章に書いたとおり、向こう一〇年間における債券の年間リターンは平均三・一%になると予測している。全体をまとめると、一九〇〇年以降、債券の年間リターンは平均して五・三%、一九七四年以降で八・〇%であり、向こう一〇年間は三・一%前後というところであろう。

では、今日なぜ賢明なる投資家は債券を保有するのだろうか。第一に、長期は短期の連続であり、短期的には債券が株式よりも高いリターンをもたらしたことが多いからだ。一九〇〇年以降の一一七年のうち、債券が株式を上回ったのは四二年である。五年単位で見れば、債券が株式を上回ったのは一一二回のうち二九回である。一五年でみれば、一〇三回のうち一三回、債券が株式を上回っている。

第二に、これがより重要だと思うのだが、ポートフォリオのボラティリティを抑えることで、株式が大きく下落するときのダウンサイドプロテクション、いわば危険防止策を講じることができる。株式と債券のバランス型ポートフォリオが持つ保守的な性質が、投資家が非合理的な行動（すなわち株式市場が急落すると恐ろしくなって株式のポジションを畳んでしまうなど）を取る可能性を抑えることになるのだ。

第三に、債券利回りは一九六〇年代初頭以降最低の水準にあるが、現在の債券利回り（三・一％）は株式の配当利回り（二％）を上回っている。

債券利回りと株式の利回りとの同じような差。

実際に、債券が株式の利回りを一・一％上回っている現在のスプレッドは、一・四％という近年における債券利回りの優位性に極めて近似している（一九七四年以降、債券の平均利回りは六・九％、株式のそれは五・五％）。それゆえ、金利（と配当利回り）が低い現在でも、債券には比較優位があるのだ。

以上を考慮すれば、「なぜ債券を保有するのか」ではなく、「ポートフォリオのどれだけを債券に充当すべきか」という疑問に変わることになる。この問題は第18章で論じることにする。

債券のファンドマネジャーは債券市場を追いかける。

債券ファンドのファンドマネジャーたちは、現在の金利環境によって規定される基準値に近似する総リターンをもたらすことになる。確かにより多くのリターンをもたらすファンドマネジャーもいるであろうし、長きにわたり優れた結果を残す者もいるであろうが、その者はずぬけて優秀か、幸運か、または過度なリスクをとっているかである。残念ながら、誤った判断はしっぺ返しとなって、長期的なリターンを損ないかねない（平均回帰はたびたび発生する）。さらに、ある債券のファンドマネジャーがファンドの総リターンを一％の何分の一か増大させることができたとしても、その追加収益を得るために必要なファンドの経費や手数料、購入時手数料を考えると意味があることはまれである。

債券のリスクはさまざまである。

これらのコストによってリターンを改善させることがますます難しくなる一方で、過剰とも言える自信を持つ債券のファンドマネジャーは、ポートフォリオに含まれる債券の満期を伸ばす（たとえば三〇年満期の長期債は、二年物の短期債よりもボラティリティが高くなるが、たいてい利回りも高くなる）ことで、ちょっとした追加リスクを取る誘惑に駆られることがある。

またファンドマネジャーは、ポートフォリオの投資適格性を下げることでリターンを増大させる誘惑に駆られることもある。つまり、Tボンド（AA＋の格付け）や投資適格社債（BBB以上の格付け）の保有比率を下げ、投資適格以下の債券（BB以下）や格付けがCC以下または格付けさえされていない、いわゆるジャンクボンドの保有比率を上げようとするのだ。ポートフォリオがもたらすインカムを増大させるためにジャンクボンドに頼りすぎると、債券投資はそれだけリスクが高くなる（当たり前だ）。ジャンクボンドファンドに投資することで債券ポートフォリオの利回りを増大させようとする投資家は、アロケーションを少なくするよう自制すべきである。これは警告だ。

債券ファンドの三つの基本類型。

債券投信の長所の一つが、投資家にリターンとリスクのトレードオフに関する三つか、それ以上の選択肢を提示することである。短期のポートフォリオは、利回りを犠牲にしてでもボラティリティを下げたい投資家に向いている。長期のポートフォリオは利回りを最大化し、より高いボラティリティを引き受ける覚悟のある投資家向きだ。そしてそれらの中間にあるポートフォリオは、収益機会と市場のボラティリティとのバランスを取ろうとしたものである。これらの選択肢があるおかげで、さまざまな戦略を持つ投資家にとって債券ファンドは魅力的なものとなる。

株式ファンドと同様に、アクティブ運用の債券ファンドはベンチマークに負ける。なぜだろうか。コストの問題だ。

つまるところ、同様の満期と投資適格性を持つ債券ファンドは、彼らが追及する債券市場のセグメントの総リターンを手にすることになろう。そして、経費率、運営コスト、さらに購入時手数料（があれば）を差し引けば、ファンドの純リターンは減少することになる。債券に関しては、ブランダイスの警告がより意味をなしてくる。**「おぉ、見知らぬ人よ、覚えておいてほしい。計算は科学の始まりであり、安全の母なのだ」**

債券ファンドはあまりに種類がありすぎるので、それらすべてのパフォーマンスを検証するにはよほどの忍耐力がなければならない。そこで、ここでは三つの主要な満期（短期、中期、長期の債券）と、二つの主要な適格性（米国債と投資適格社債）のファンドに焦点を当てようと思う。

第3章で、S&PのSPIVA（Standard and Poor's Indices versus Active）の発表によれば、アクティブ運用の株式投資の九〇％がベンチマークに負けていると記した。

SPIVAのリポートでは、さまざまな分野の債券ファンドのリターンと、当該ベンチマーク指数との比較も行っている。二〇〇一～二〇一六年までの一五年間の債券指数のパフォーマンスは目を見張るもので、米国債か投資適格社債かで分類した短期、中期、長期の債券ファンド六つの分野において、平均するとすべてのアクティブ運用の債券ファンドの八五％を上回っていた（**図表14－1**）。地方債ファンド（八四％）や高利回り債ファンド（九六％）でも、当該インデックスは債券ファンドよりも優れたパフォーマンスを示したの

図表14－1　S&Pインデックスに負けたアクティブ運用の債券ファンドの割合（2001～2016年）

ファンドのカテゴリー	米国債	投資適格社債
短期債	86%	73%
中期債	82	73
長期債	97	97
平均	88%	81%

だ。

> 債券ファンドのリターンを構成するコストが持つ重要な役割。

過去一五年間、中期および短期の国債や社債ファンドのリターンは、平均すると年○・五五％もインデックスファンドに負けていると、ＳＰＩＶＡは算出している。平均的な債券のインデックスファンドの年間コストはおよそ○・一○％であり、アクティブ運用の債券ファンドのそれは平均○・七五％である。経費率の差は平均でおよそ○・六五％であり、パフォーマンスの差より少しばかり大きなものとなっている。ここでもまた、コストの低さがインデックス運用の優位性の主たる要因となっていることは明らかだ。

トータル・ボンド・マーケット・インデックスファンド。

一九八六年に組成され、今でも最大の規模を誇る史上初のトータル・ボンド・マーケット・インデックスファンドは、ブルームバーグ・バークレイズ・USアグリゲート・ボンド・インデックスに連動するものである。債券市場全体に連動する主要なインデックスファンドのほとんどがこの例に倣っている。これらのインデックスファンドの投資適格性は極めて高い（アメリカ政府が担保する債券が六三％、AAA格の社債が五％、三二％がAA格からBAA格で、投資適格以下の債券は保有していない）。過去一〇年間で、トータル・ボンド・マーケット・インデックスファンドが獲得した年間リターンは四・四一％であり、対象となる指数が上げた四・四六％にわずか〇・〇五％負けているにすぎない。驚くほど連動している。

適格性の高いポートフォリオがもたらす利回りは、適格性の低いそれよりも低くなるので、二〇一七年半ばにおけるトータル・ボンド・マーケット・インデックスファンドの利回りは、本章の最初に利用した債券市場の代表値である三・一％よりも低い二・五％となっている。この分析に用いた債券ポートフォリオは、インデックスよりも米国債（五〇％）

をアンダーウエートし、投資適格社債（五〇％）をオーバーウエートしており、その分利回りが高くなるので、この差が生まれるのだ。

このような国債と社債を五〇対五〇としたポートフォリオを構築しようと思えば、トータル・ボンド・マーケット・インデックスファンドよりも高い利回りを求める（それでもまだポートフォリオに高い適格性を求めている）投資家は、ポートフォリオの七五％をトータル・ボンド・マーケット・インデックスファンドで、二五％を投資適格社債のインデックスファンドで構築しようとするであろう。

債券のインデックスファンドの価値は、株式のインデックスファンドの価値を生み出すのと同じ力によって生み出される。

実際に、債券のインデックスファンドの価値は、株式のインデックスファンドの価値を生み出すのと同じ力によって引き出されるものである。つまり、広範にわたる分散、低いコスト、規律あるポートフォリオの運用、節税効果、そして長期的戦略を奉じる受益者へのフォーカスである。

これら常識とも言える特徴こそが、株式や債券市場がもたらすリターンの公平な分け前をインデックスファンドが提供することを保証するのだ。あらゆる金融市場でも同じである。

株式ファンドに焦点を当てた本書のこれまでの章の多くを、債券ファンドに関する章とすることも可能なくらいである。「コストのもっとも低いファンドに集中せよ」「長期的な勝者を選択せよ」「簡潔さと倹約の王から利益を得よ」――これらは不変のルールである。

私の言葉だけを信じる必要はない

債券のインデックス運用の力は増大している。資産運用業界の世界的巨人ブラックロックで債券グループの責任者を務めていたピーター・フィッシャーは次のように述べている。「われわれはインデックス革命の第二期に突入している。恐ろしく、不透明な場となった世界では、投資家は自分たちの『債券』ポートフォリオをより簡潔なものにしたいと考えている。そうすることで彼らは夜ぐっすりと眠れるのだ」

＊　＊　＊　＊

債券に投資するインデックスファンドの驚くべき（そして驚くほど明白な）価値に関する記述はそれほど多くないが、本章の主張は、ＣＦＡのウォルター・Ｒ・グッドとロイ・Ｗ・ハーマンセンの『インデックス・ユア・ウェイ・トゥ・インベストメント・サクセス（Index Your Way to Investment Success）』が補強している。「経費と取引コスト、もしあるのなら購入時手数料とを比べれば、債券のインデックスファンドがコストの面では優位である。……アクティブ運用のロードファンドに対して、インデックスファンドの優位性は年一・二％にもなるのだ。

アクティブ運用の債券ファンドマネジャーが直面する難題はデータが示しており、……収支トントンとするためだけに、アクティブ運用が長期にわたり平均してどれだけの追加リターンを稼がなければならないかを示唆してもいる」

＊　＊　＊　＊

さらに、大西洋の向こう側でも支持が表明されている。『スマーター・インベスティング（Smarter Investing : Simpler decisions for Better Results』の著者であるイギリスのティム・ハーレは次のように記している。「これまでささやかれこそすれ、声高に主張されることのなかった債券のインデックス運用の有効性を見逃してはならない。インデックスファンドへの投資を擁護する証拠は説得力があり、確かなものである。……一九八八～一九九八年までの一〇年間で、米国債のインデックスファンドは八・九％のリターンをもたらしたが、アクティブ運用のファンドは八・二％である。……インデックスファンドはアクティブ運用の全ファンドの八五％を打ち負かしているのだ。この差はひとえに手数料によるものである」

第15章 ETF——トレーダーのおもちゃ？

過去一〇年間、伝統的なインデックスファンド（ＴＩＦ）という原理は羊の皮をかぶった狼の挑戦を受けてきた。ＥＴＦ（株価指数連動型上場投資信託）である。簡潔に記せば、ＥＴＦとは受益権の売買を容易にした、一見、伝統的なインデックスファンドの衣をかぶった新種のインデックスファンドである。

四二年前に考案した元来のＴＩＦが長期投資のパラダイムであるとしたら、インデックスファンドをトレードの道具に用いることは短期的な投機としか言いようがない。可能なかぎり広範な分散が元来のパラダイムだとするなら、たとえばそれが多少なりとも分散されたものだとしても市場の特定のセクターを保有することは、分散効果が薄れ、その分だけリスクが高まることになる。最小限のコストが元来のパラダイムだとしたら、コストが高く、売買したときにはブローカーの手数料がかかり、幸運にもトレードに成功したら税金という負担も発生する市場セクターのインデックスファンド（ＥＴＦ）を保有することはそのパラダイムから外れることになるのだ。

だが、ここではっきりさせておこう。**トレードを行わないかぎり**、株式市場全体に連動するインデックス運用のＥＴＦに投資することは何も悪いことではない。短期的な投機が敗者のゲームである一方、長期投資は実績ある戦略であり、市場全体に連動するインデックスファンドはその戦略を実行するにふさわしいものである。

ＥＴＦのトレーダーたちは、自分たちの投資リターンと株式市場がもたらすリターンとの関係をまったく理解していない。

投資家が株式市場のリターンの公平な分け前を手にすることを確実にする、さらに言えば保証することがＴＩＦ元来のパラダイムの典型的な側面である。しかし、ＥＴＦのトレーダーたちにはそのような保証は与えられていない。実際に、選択の問題、タイミングのリスク、追加コストや追加的な税金など、ＥＴＦのトレーダーたちには、自分たちの投資

図表15－1　伝統的なインデックスファンドとETF

		ETF		
		全体指数のファンド		特定指数のファンド
	TIF	投資	トレード	
最大限の分散	あり	あり	あり	なし
最長の投資期間	あり	あり	なし	まれ
最低限のコスト	あり	あり	あり*	あり*
最大限の節税効果	あり	あり	なし	なし
最大限の市場リターンの分け前	あり	あり	不明	不明

* コストは考慮せず

リターンと、株式市場がもたらすリターンとの関係がまったく理解できていないのだ。

TIF、つまり伝統的なインデックスファンドと、ETFに代表されるインデックスファンド・ヌーボーとの差は明らかである（**図表15－1**）。ETFは元来のインデックスファンドとは異なる楽曲を演奏しているのだ。私には、古い曲の一説が思い起こされる。「あの人たちは私の歌に何をしたの、ねぇママ」

「スパイダー」の誕生。

一九九三年にネイサン・モーストが立ち上げたアメリカ初のETFは「スタンダード・アンド・プアーズ・デポジタリー・レシーツ」（SP

DRs）と呼ばれたが、すぐに「スパイダー」と呼ばれるようになる。これは素晴らしいアイデアだった。S&P五〇〇指数に投資し、低コストで運用され、節税効果も高く、リアルタイムで値付けされるも、長期間保有することもできるというもので、伝統的なS&P五〇〇インデックスファンドとの熾烈な競争が起こるものと思われた（故モースト氏は優れた人物で、当初バンガードのS&P五〇〇インデックスファンドをトレード対象として利用することをわが社のパートナーに持ちかけていた。しかし、トレードは投資家にとっては敗者のゲームであり、証券会社にとっては勝者のゲームであると私は考えていたので、彼の申し出を断ったのだ。それでも、われわれは友人であった）。しかし、証券会社の手数料がかかるため、少額の投資を定期的に行う投資家には不向きなものである。

スパイダー五〇〇は今でも最大のETFで、その資産額は二〇一七年初頭で二四〇〇億ドルを超える。二〇一六年、およそ二六〇万に上るスパイダーS&P五〇〇の受益権が取引され、総取引額はなんと五兆五〇〇〇億ドルにもなり、年間の回転率も二九〇〇%というものであった。金額で見れば、スパイダーは世界でもっとも広範に取引された銘柄である。

スパイダーやほかの同様のETFは主に短期的投資家が利用している。ETFの全資産の半分ほどを保有する最大規模の利用者は、銀行、アクティブ運用のファンドマネジャー、ヘッジャー、プロのトレーダーたちで、彼らはＥＴＦの受益権を慌ただしく取引している。これら大規模なトレーダーたちによる回転率は、二〇一六年になんと一〇〇〇％近くにもなるのだ。

ＥＴＦの爆発的な成長。

たった一つのＳ＆Ｐ五〇〇ＥＴＦから始まり、ＥＴＦは全インデックスファンドの半分を占める資産を保有するまでに成長した。二〇一七年が幕を開けたときには、全体で五兆ドルあったインデックスファンドの資産のうち、二兆五〇〇〇億ドルがＥＴＦによるものである。現在、五〇％の市場シェアがあるが、二〇〇七年には四一％、一九九七年にはたった九％にすぎなかったのだ。

ＥＴＦは金融市場で一目置かれる存在となった。ＥＴＦの取引額が、アメリカの全株式市場の一日の取引量の四〇％にもなることもある。ＥＴＦが投資家や投機家のニーズを満たすものであることが証明されたわけだが、それはまた株式ブローカーにとっても天からの贈り物であったのだ。

ETFの驚くほどの成長は、ウォール街の金融マンたちの起業家精神、資産運用会社が資金集めに集中していること、証券会社の販売力、そして複雑な戦略と積極的なトレードを好み、ほとんど勝ち目がないにもかかわらず、市場に打ち勝つことができると信じ続けている投資家の意欲や熱意を物語るものである。そのうちに分かるであろう。

ETFの暴走。

ETFの成長は、数だけでなく、種類の点でも沸点に達している。現在二〇〇〇以上のETFが取引可能（一年前は三四〇であった）であり、その投資対象も驚くほどに幅広いものである（本書執筆時、過去一二カ月でおよそ二五〇本を超えるETFが組成され、また二〇〇本近くが閉鎖された。組成されては消えていくETFが多いことが、それが投資界の新たな流行であることを示している。このような流行が投資家の幸福度を高めることはまれである）。

ETFの商品特性は、TIFのそれとは劇的に異なるものである（図表15―2）。たとえ

図表15－2　TIFとETFの資産の構成比率（2016年12月）

	伝統的なインデックスファンド（TIF）			
	資産（10億ドル）		ファンド数	
アメリカ株に分散	$1,295	47%	67	16%
非アメリカ株に分散	421	15	43	10
債券に分散	489	18	50	12
ファクター・スマートベータ	423	15	129	30
集中型・投機	132	5	137	32
合計	$2,760	100%	426	100%

	ETF			
	資産（10億ドル）		ファンド数	
アメリカ株に分散	$477	20%	40	2%
非アメリカ株に分散	287	12	94	5
債券に分散	355	15	196	10
ファクター・スマートベータ	756	31	669	34
集中型・投機	562	23	950	49
合計	$2,438	100%	1,949	100%

ば、スパイダーのように広く分散された株式市場に連動するインデックスファンドへの投資額は、ＥＴＦの資産のうちたった三二％であるが、それに比べてＴＩＦでは六二％になる。対象を特化したもの、投機的なもの、市場と反対に動くもの、そしてレバレッジを利用したＥＴＦは九五〇本あり、ＥＴＦの資産総額の二三％にもなる。そのようなＴＩＦはたった一三七本である（ＴＩＦ資産の五％）。

また、六六九本のＥＴＦがスマートベータやファクター戦略に特化しており、二四四本が株式市場のセクターに連動するものであり、さらに一五六本が特定の外国市場に特化したものである。また広範な債券に連動するＥＴＦが一九六本、高いレバレッジを用いているものが四二二本（これによって投機家たちは株式市場の騰落に賭けることができ、株式市場の日々の値動きに二倍、三倍、四倍と賭けることもできる）、コモディティ価格や通貨、さらにはリスクの高い戦略を用いているものもある。

さらに、投資家からのＥＴＦへの資金流入は、ＴＩＦに対する比較的安定したものに比べると異常なほどボラティリティが高い。二〇〇七年四月の株式市場の高値から二〇〇九年四月（市場が五〇％ほど下落した直後）までの二四カ月間のうち、ＴＩＦで投資資金が純減となったことは**一カ月もなかった**。しかし、ＥＴＦでは二四カ月のうち投資資金が純減となったのが一〇回あり、二〇〇七年一二月（市場が高値をつけたころ）には三一〇億ドルの流入があり、株価が底を打った二〇〇九年二月には一八〇億ドルが流出している。非合理的な投資家の行動がはっきり示されたのだ。

あらゆる点において、ほとんどのＥＴＦは、伝統的なインデックスファンドがその好例となった、買い持ち、分散、低コストというコンセプトから大きく逸脱するものである。

パーディ社製の新しいショットガンはアフリカでの大物狩りに最適だが、自殺に好都合な武器でもある。

前述した元来のインデックスファンドが持つ五つのパラダイムを有し、さらにはそれを改善する可能性があるものとしたら、広範な市場に連動するＥＴＦだけである。**だが、それは取得し、長期にわたり保有する場合に限られている**。年間の経費率はＴＩＦのそれに比肩し得るものであるが、取引手数料が投資家が手にするリターンを蝕んでしまう。

スパイダーの初期の広告にはこうあった。**「S&P五〇〇を一日中、リアルタイムで取引できる」**。確かにそうだが、では何の役に立つのか。巧妙に設計された金融商品であるＥＴ

Ｆと聞くと、おそらくは世界最高の代物であろうパーディィ社製の新しいショットガンを連想してしまう。

パーディィのショットガンはアフリカでの大物狩りには最適であろう。しかし、それはまた優れた自殺の道具でもあるのだ。保有者を財政面で自殺させるとは言わないまでも、少なくとも富を毀損させるようなＥＴＦがあまりに多すぎるように思われる。

過去のリターンを追い求める誘惑。

各セクターのＥＴＦがどれほどのリターンをもたらそうとも、それら分散されていないＥＴＦの投資家が手にするリターンは、ＥＴＦのそれよりも小さなものとなるであろう。今日もっとも人気のあるセクターファンドとは、直近でもっとも優れたパフォーマンスを上げたファンドであることを示す証拠には枚挙にいとまがない。しかし、そのような成功は続かないのだ（ここでも、平均回帰［ＲＴＭ］を思い出してほしい）。

実際に、そのような事後の人気は投資で失敗するレシピなのである。これは第7章の教訓だが、投資信託の投資家が手にするリターンは、自ら保有するファンドのそれよりも優れないものであることがほとんどであり、分散の図られていない、よりボラティリティの高いファンドを選択すると、さらに悪い結果となる。このパターンはETFでも繰り返され、さらに悪化しているようですらある。

もっともパフォーマンスの良かった二〇本のETFのうち、一九本のファンドで投資家のリターンはETFのリターンよりも小さなものであった。

この点を説明するために、二〇〇三～二〇〇六年でもっともパフォーマンスの良かったETF上位二〇本の結果を見てみよう。受益者が獲得したリターンがETFそのものが公表したリターンよりも大きかったのはたった一本である。受益者のリターンは平均すると年五％負けており、その差が最大となったのは一四％であった（iSharesオーストリアは四二％のリターンと発表したが、当該投資家のリターンはたった二八％）。

これまで見たことはないが、ETFのラベルにはまず「**取扱注意**」との警告を書くべきである。もしくは「**注意**　パフォーマンス追跡中」とすべきだ。

「二重苦」――人気の市場セクターに賭け（感情）、大きなコストを支払う（費用）ことが、自らの富に壊滅的な影響を与えることは確かである。

つまり、「二重苦」である。ＥＴＦを積極的にトレードすることを選んだ、またはそうするようブローカーに説得された投資家は、否応なく逆効果のマーケットタイミングに直面する。つまり、セクターの人気が高まると投資し、その熱が冷めると売ることになるのだ。第二に、それに伴う大きな手数料が長期にわたり積み上がると、費用がＥＴＦのリターンをますます蝕むようになる。

感情と費用という株式投資家の二つの敵は、富にとって有害であることは確実であるし、もっと生産的かつ楽しい事柄に使える膨大な時間を浪費するものであることは言うまでもない。

二〇〇六年に登場したＥＴＦは、次の章で説明する「市場に打ち勝つ」戦略の最前線となった。起業家やいわゆるスマートベータ戦略を売り込む者たちは、自分たちの「ファンダメンタル・インデックス」や「ファクター」が、勝てる長期的戦略だと信じ込んでいるようだ。しかし、ＥＴＦという形を取ることで、株式ブローカーをその販売網に取り込み、さらには投資家にＥＴＦを積極的に売買するようけしかけることがより大きな短期的利益につながると彼らは言っているわけだが、私には疑わしいかぎりだ。

ＥＴＦは起業家やブローカーにとってはまさに夢の実現だが、投資家の夢はかなうのだろうか。

ＥＴＦは起業家や株式ブローカーや資産運用会社にとっては明らかに夢の実現である。しかし、これらのＥＴＦが投資家の夢の実現につながるのかと問うのはやりすぎだろうか。本当に投資家はＥＴＦを「一日中リアルタイムで」取引できることで利を得ているのだろうか。分散しないほうが、より広く分散するよりも良いのだろうか。

トレンドフォローは勝者のゲームであろうか、敗者のゲームであろうか。証券会社の手数料や短期的利益にかかる税金と経費率を足し合わせたあとでも、ＥＴＦは真にコストの低い投資対象であるのだろうか。頻繁に売買することは、買い持ちすることよりも優れた戦略なのだろうか。

結局のところ、伝統的なインデックスファンドが長期投資の知恵を形にしたものだとしたら、これら上場インデックスファンドの投資家は、短期的な投機という愚行に身を投じているのではないだろうか。以上の疑問には、自らの常識が答えをもたらすことであろう。

企業の利害と顧客の利害。

投資業に従事する者の利害とその顧客のそれとの間には大きな隔たりがあるわけだが、そのなかでＥＴＦはどの辺りに位置するのだろうか。バンガード五〇〇ＥＴＦとスパイダー五〇〇ＥＴＦという二つの古典的なインデックス運用を行うＥＴＦを、低い手数料で大量に買い、受益権を長期間保有するのであれば、それら二つのＥＴＦがもたらす広範な分散と低い経費率という効果を享受することであろう。これら広範な市場に連動するＥＴＦから、追加的な節税効果を得ることもできるかもしれない。

しかし、これら二つのＥＴＦをトレードするならば、投資で成功する鍵となる簡単な計算という冷徹なルールを公然と無視することになる。さらに、セクター別ＥＴＦという考えが気に入ったのであれば、適切なものに投資して、その後はトレードしないことだ。

私の疑問に答える。

本章の冒頭で提示した「あの人たちは私の歌に何をしたの、ねぇママ」という疑問に答えたいと思う。はるか昔に世界初となる伝統的なインデックスファンドを生んだ者として、ETFという現象を目にした私の答えは一つである。「彼らはビニール袋に突っ込んでしまったの、逆さまにしたのよ、ママ。彼らは私の歌をそうしたの」

要するに、**ETFはTIFをトレーダーのおもちゃに作り変えたものだ**。賢明なる投資家には実績あるインデックス運用にとどまることを強く求めたい。伝統的なインデックス運用がこれまでに開発されたなかでもっとも優れた戦略であるとは確約できないが、インデックス運用よりももっとひどい戦略は数かぎりなく存在することは保証する。

私の言葉だけを信じる必要はない

「インデクシング・ゴーズ・ハリウッド（Indexing Goes Hollywood）」というタイトルのエッセイで、モーニングスターのマネジングディレクターであるドン・フィリップスは次のように述べている。「インデックス運用には投資家が無視できない負の側面がある。インデックスがより特化したものになればなるほど、投資家の害となる可能性が高まるということであるが、それこそがＥＴＦの世界で行われていることである。……精密機械は正しく用いれば偉大なものを作り出すが、誤った用い方をすれば、甚大な損害をもたらすのだ。

より複雑な商品を組成するなかで、インデックス業界は新たな収益源を発見した（中略）特化した商品であるが、そうすることで、洗練度の低い投資家に大きな害を及ぼす可能性がある。インデックス業界は、そのリスクを無視するのか、歩を進めて、それを軽減しようとするのか問われていることになる。インデックス運用の名誉が保たれるかどうかは分からない」

＊　＊　＊　＊

ETFドットコム（皮肉にも、かつての社名はインデックス・ユニバース・ドットコム）の創業者であるジム・ウェインツの言葉である。いつも皮肉なことだと思うのだが、インデックス運用は金融界のほかの事象と同じように次々と現れる。ヘッジファンド・インデックス、マイクロキャップ・インデックス、配当インデックス、コモディティ・インデックス、中国インデックス、「エンハンスト」インデックスと、まるで今月のお勧め品である。これらのインデックスに共通する点を三つ挙げるとすれば、一にリターン追及、二にリターン追及、そして、三にリターン追及であろう。

インデックス運用が有効であると考えているならば、フリーマネーはないことを理解しているであろう。エンハンスト・インデックスを推奨することは、究極的には資産運用会社の利益をエンハンスすることになる。……しかし、注意を怠らず、インデックス運用とは何であるかを肝に銘じることが重要である。低い手数料、広範な分散、そして、一に保有、二に保有、三に保有である。誇大広告を信用してはいけない。いかなる方法でも、市場に打ち勝とうとすれば、やがては打ち負かされる。……コストによって、だ」

＊　＊　＊　＊

主要なETFのスポンサーとなっている企業の二人の幹部による率直な警告に注意深く耳を傾けてみよう。CEO（最高経営責任者）の言葉だ。「ほとんどの人にとって、セクターファンドは非合理な代物だ。……市場から逸脱しすぎてはいけないのだ」。CIO（最高投資責任者）の言葉である。「極めて狭い分野に特化したETFにピンポイントで賭けているとしたら不幸なことになろう。それでは、個別銘柄に集中しているのと変わらないリスクを負うことになる。……極めて大きなリスクを負っているのだ。度も過ぎれば悪くなる。……それを必要とする人が果たしてどれだけいるのだろうか」

第16章

インデックスファンドが市場に勝つことを保証する

――新しいパラダイム

一九七五年に史上初となるインデックス投資信託を組成して以来、長期的投資家を対象とした伝統的なインデックスファンド（ＴＩＦ）は、驚くほどの素晴らしい成功と、信じられないほどの商業的成功を収めてきた。

これまでの章で、インデックスファンドが、アクティブ運用の投信の投資家が手にするリターンを大幅に上回る、長期的なリターンをもたらすことに成功してきたことをかなり控えめに説明してきた。

その素晴らしい成功を考えれば、インデックス運用の商業的成功も驚くには値しない（長い時間がかかったが）。元来のＳ＆Ｐ五〇〇指数モデルの原則は時間という試練に耐えたのだ。今日、伝統的なインデックスファンドの最大の強みは、広範なアメリカ株式市場（Ｓ

＆Ｐ五〇〇またはトータル・ストック・マーケット・インデックス）、アメリカ外の株式市場、そしてアメリカの債券市場に連動するところにある。

これら伝統的な株式インデックスファンドの資産は一九七六年の一六〇〇万ドルから、二〇一七年初頭には二兆ドルまで増大し、全株式投信の資産の二〇％を占めるまでになっている。伝統的な債券インデックスファンドの資産は一九八六年の一億三二〇〇万ドルから二〇一七年には課税対象となる全債券ファンドの資産の一三％に相当する四〇七〇億ドルまで増大した。二〇〇九年以降、ＴＩＦの資産は年利一八％増大しているが、これはいとこにあたるＥＴＦ（株価指数連動型上場投資信託）のそれを少しばかり上回るものである。

成功が競争を生む。

多くの分野でインデックス運用は競争の厳しい世界になってきた。最大規模のＴＩＦの運用会社は、熾烈な価格競争を強いられ、コストが差を生むことを理解している優秀な投資家の資産を引きつけるべく、経費率を低減させている。

このトレンドはインデックスファンドの投資家には良いことである。しかし、インデックスファンドの運用会社の利益を削減することにもなるので、ファンド帝国を築いて豊かになろうとする起業家たちが新たなファンドを立ち上げる意欲を阻害してもいるのだ（バンガードのファンドは原価ベースで運営されているので、競争よりも規模の経済ゆえにインデックスファンドの受益者が負担する費用が低くなっている）。

株式市場のリターンを上回ることを目的としたパッシブETF戦略。

では、インデックスファンドを推奨する者たちは、どのようにしてTIFの成功のもととなった実績ある特性を利用してきたのだろうか。なぜ彼らは新しいインデックスを構築して、ETFのパレードに参加するのだろうか。そしてなぜ彼らは、新たなインデックス戦略はこれまでインデックス運用の何たるかを規定してきた広範な市場インデックスを永続的に上回ることができると主張（少なくとも示唆）するのだろうか。

ETFの運用会社は、それが実際にもたらされるかどうかにかかわらず（たいていはもたらされない）、より大きな潜在的利益により高い手数料を課すのである。超過リターンをもたらすことを約束することで、ETF全体が投資家と投機家の双方を誘惑してきたのだ。

アクティブ運用者とアクティブ戦略

伝統的なアクティブ運用の資金運用者とETFの運用者の方法論の違いを検証してみよう。アクティブ運用のファンドマネジャーは、市場ポートフォリオに勝つ唯一の方法は、それから離れることであると考えている。そしてそれこそが、アクティブのファンドマネジャーが自ら取り組んでいることである。

全体としてみれば、彼らが成功することはない。彼らのトレードは、単に所有権を次々に移転させているだけである。株券を交換することは特定の買い手や売り手にとっては有効であるかもしれないが、総体としてみれば、わが国の金融仲介業者を富ませるだけである。

しかし、アクティブファンドの運用会社は、過去に成功していれば、将来も引き続き成功できると主張してきた。だが実際には、将来うまくいくのは、たいていは過去にうまくいかなかった場合である。

一方で、ETFのスポンサーには予見能力は必要ない。むしろ、次の二つの戦略のどちらかに依拠している。①投資家がリアルタイムで利益を上げることができる広範な市場インデックスに連動するファンドを提供する（見かけは良さそうだ）、②投資家が売買し、追加的な利益を獲得できる限定された市場セクターのさまざまな指数を構築する（実際には反対のことが起こっている）。

つまり、実際には、資産運用とポートフォリオ戦略に対する責任が、アクティブファンドの運用会社からＥＴＦをアクティブに売買する投資家へと移っているのだ。この重要な変化はメーンストリートの投資に大きな示唆をもたらす。私には、この変化が投資家のためになるとは思えない。

新種のパッシブ運用者はアクティブ戦略家である。

新種のパッシブ運用者は、自らの商品を提供するにあたりＥＴＦという仕組みを選択することが多い。それは参入が容易な市場なのだ。近年、「スマートベータ」（これが何を意味するかにかかわらず）ＥＴＦが人気商品となった。

スマートベータファンドの運用会社は独自のインデックスを構築するのだが、実のところ伝統的な意味でのインデックスではなく、アクティブ戦略をインデックスと呼んでいるだけである。彼らはいわゆるファクターを用いてポートフォリオをウエートト付けする、つまりリターンを左右する似た特性を持つ銘柄のウエートを上げることに焦点を当てる。ポートフォリオの保有割合を時価総額でウエート付けするのではなく、彼らは一つのファクター（バリュー、モメンタム、規模など）に焦点を当てたり、企業収益やキャッシュフロー、利益や配当などのファクターの組み合わせを利用したりするのだ。例を挙げると、スマートベータETFのポートフォリオの一つは構成銘柄の時価総額ではなく、それぞれの企業が分配した配当金額に応じてウエート付けされているのだ。

ひどいアイデアではないが、世界を変えるほどのものでもない。

コンセプトとしては、スマートベータはひどいアイデアではないが、世界を変えるほどのものでもない。スマートベータETFのファンドマネジャーはコンピューターに頼ってマイニングされた株式の過去データを解析し、ETFというかたちにまとめやすいファクターを見いだそうとするのだ。そうする目的は、パフォーマンスの競争力を求める投資家の資産を集めることによって、運用会社に大きな利益をもたらすことである。これらの戦略を私は信じていない。もちろん、それは容易に思えるが、実際にはそうではない。投資信託のリターンにも平均回帰の力が働くので、一貫して市場に打ち勝つことは難しいのだ。今日勝てるファクターは、明日には負けるファクターとなる可能性が高い。平均回帰（ＲＴＭ）を軽視する投資家は大きな過ちを犯す可能性が高いのである。

失われた時を求めて。

ＥＴＦの隆盛を見ていると、一九六五～一九六八年に起こった「ゴーゴー」ファンド騒ぎや一九七〇～一九七三年の「ニフティ・フィフティ」騒動を思い出す。どちらもファンド業界がこぞって新商品を生み出した一時的なブームであった。これらの商品は、ファンドのスポンサーにとっては良いものであったが、ファンドの投資家にとってはたいていひどい代物であったのだ。読者には、次の、昔ながらの原則を思い出してほしい。**短期的なマーケティングに成功した戦略が長期的な投資戦略として最適だった試しはない**。

また、驚きもしないかもしれないが、ＥＴＦの起業家たちがポートフォリオ戦略の基礎とするファンダメンタルズのファクターは、過去に伝統的なインデックスを上回る結果を出したものである（われわれはこれをデータマイニングと呼ぶ。過去に伝統的なインデックスファンドに負けた戦略を新たなそれとして売り込むほど向こう見ずな者などいないだろう）。しかし、投資において、過去が将来のプロローグとなることはまれなのだ。

最近の出来事が、スマートベータの力に対する疑いを確かなものとする。

にもかかわらず、スマートベータETF（モーニングスターは「ストラテジックベータ」と呼び名を改めた）の資産は、二〇〇六年の一〇〇〇億ドルから現在では七五〇〇億ドルへと膨らんでいる。二〇一七年最初の四カ月に投信業界に流入した資金の実に二六％がスマートベータETFによるものである。

と同時に、二つの主要なストラテジックベータ、つまりバリューとグロースはUターンしてしまった。二〇一六年、バリューインデックスは一六・九％上昇し、グロースインデックスはそれよりもかなり低い六・二％の上昇であった。しかし、二〇一七年の四月までに、グロースインデックスは一二・二％上昇し、一方、バリューインデックスはやっとのことで三・三％の上昇を示したにすぎない。確かにファクター戦略を評価するには期間が短いのだが、ふたたびＲＴＭの力が働いたと考えても驚くには値しない。

新たな地動説者。

この新種のスマートベータＥＴＦのインデックス運用者たちは、自分たちの予見能力を隠そうともしない。彼らは、インデックス運用の「新たな波」であり、投資家に「新たなパラダイム」、つまりより低いリスクでより高いリターンを提供する「革命」の一翼を担っているのだとさまざまな表現で、少しばかり大げさに主張しているのだ。

実際に、ファクターベースのインデックスを信奉する者たちは、自らを「新たな地動説者」と呼んでいる。これは、わが太陽系の中心は地球ではなく太陽であるとした一六世紀の天文学者にちなんだものである。彼らは伝統的な時価総額加重のインデックス運用者を、地球が宇宙の中心であるとする天動説を固定化しようとした古代の天文学者になぞらえたのだ。そして、われわれはインデックス運用の「巨大なパラダイムシフト」の淵にあると世界に訴えたのである。これまでの一〇年でスマートベータがもたらしたパラダイムシフトは小さなものでしかない。しかし、初期の提唱者、いわば「スマートベータのゴッドファザー」ですら、最近になってスマートベータの下落は「想定内」としたのである（私は疑わしいと思っているが）。

記録を見てみよう。

過去一〇年間、元来の「ファンダメンタル」インデックスファンドと「配当加重」インデックスファンドの第一号は、自らの理論の価値を証明する機会を得ていたことになる。何か証明されたのだろうか。本質的には何も証明されていない。**図表16－1**にその比較を掲載しておく。

ファンダメンタルインデックスファンドは、S&P五〇〇ファンドよりも高いリターンを獲得する一方で、リスクがより大きくなっていることに気づくであろう。一方、配当インデックスは、リスクもリターンも低いものとなっている。だが、リスク調整済みのシャープレシオを算出すると、S&P五〇〇がどちらのインデックスにも勝ることになる。

三つのファンドでリスクリターン特性が似かよっているのも驚くに値しない。それぞれ

図表16－1　「スマートベータ」のリターン――2016年12月31日までの10年間

	ファンダメンタルインデックスファンド	配当インデックスファンド	S&P500インデックスファンド
年間リターン	7.6%	6.6%	6.9%
リスク（標準偏差）	17.7	15.1	15.3
シャープレシオ*	0.39	0.38	0.40
S&P500指数との相関	0.97	0.97	1.00

*　リスク調整済みリターンの指標

同じような銘柄からなる分散されたポートフォリオを保有しており、単にウエートが違うだけなのだ。実際に、二つのスマートベータETFとS&P五〇〇がもたらしたリターンとの非常に高い相関を考えれば、二つのETFは、高価な「インデックスファンドの類似品」と分類することができよう。

S&P五〇〇指数のポートフォリオは、投資家が株式市場の指数がもたらすリターンのほぼすべてを手にできることを確実にしている。これら二つのスマートベータETFも同様かもしれない。われわれには分からないが、自分自身で次の疑問に答える必要がある。「同じようなポートフォリオであれば、結果が比較的確かなものを選ぶか、不確かなものを選ぶか。危険を伴うよりも安全なほうがよいか」。決めるのは自分自身である。

株式ファンドのアクティブ運用者が、極めて効率的な（しかし完全ではない）アメリカ株式市場で追加的な価値を見いだす方法を有していると主張しているならば、過去の記録を見て、戦略を検討し、投資するかどうか判断すればよい。これら新たなスマートベータETFの運用者の多くが実際にはアクティブ運用者である。彼らは自らの予見能力を主張するばかりか、市場の特定のセクター（配当を支払う銘柄など）は広範なインデックスを目に見えるほど大幅にアウトパフォームすると確信しているとまで言うのである。この主張は理性、そして歴史の教訓を平然と無視するものである。

「優れた計画の最大の敵は、完璧な計画を夢見ることだ」優れた計画に集中しよう。

伝統的な時価総額加重のインデックスファンド（S&P五〇〇など）は、株式市場のリターンの公平な分け前を獲得することを保証し、さらには長期的には市場に存在するほかの投資家の少なくとも九〇％を上回る結果をもたらすことがほぼ確実である。私が目にしてきたその他の新たなパラダイムとは異なり、このファクターインデックスという新たなパラダイムは機能するかもしれない。しかし、機能しないかもしれない。

伝統的なインデックスファンドがもたらす成果を大幅に上回る富の蓄積を約束するパラダイムの警報に惑わされないよう強く求める。軍事理論家で、一九世紀初頭のプロイセンの将校であったカール・フォン・クラウゼヴィッツの予言めいた警告を忘れてはならない。いわく「優れた計画の最大の敵は完璧な計画を夢見ることである」。夢は脇に置いて、常識を引っ張り出し、伝統的なインデックスファンドに代表される優れた計画に集中しようではないか。

私の言葉だけを信じる必要はない

この点には確信があるのだが、それは私一人ではない。まず、ハーバード大学の教授にして、ジョージ・W・ブッシュ政権の大統領経済諮問委員会の委員長を務めたグレゴリー・マンキューが、伝統的なインデックスファンドとスマートベータの競争について述べた言葉に耳を傾けてみよう。「この点に関しては僕はボーグルに賭けるね」（彼は正

しかった)

＊　＊　＊　＊

次に、スタンフォード大学のファイナンスの教授で、ノーベル経済学賞を受賞したウィリアム・シャープの言葉に耳を傾けてみよう。「スマートベータなどバカげている。……時価総額以外の方法で株式をウエート付けする方法が、時価総額加重指数よりも優れていると考えている人間がいるとは本当に驚きだ。……ニューパラダイムなど現れては消えるのだ。市場に立ち向かう(そして、そうするために多額の資金を費消する)ことは、危険極まりない所業となるだろう」

＊　＊　＊　＊

最後に、ウォートンスクールの教授で、『ストックス・フォア・ザ・ロング・ラン(Stocks for the Long Run)』の著者でもあり、ウィズダム・ツリー・インベストメンツのアドバイザーにして、配当ファクターモデルの提唱者でもあるジェレミー・シーゲルによる伝統的なインデックス運用に対する支持を検証してみよう。「市場全体に対する価値に応じて各銘柄を保有することで最大限の分散が図られる。……後知恵に惑わされ……過去を曲解し、勘に頼り、同じゲームに取り組むほかの投資家を出し抜こうとする。市場に打ち勝とうとする者のほとんどが悲惨な結果に終わる。……そうすることで、市場とともにあることで……獲得できたよりもかなり低いリターンに終わるのだ。……バンガード五〇〇のポートフォリオ……やバンガードのトータル・ストック・マーケット・インデックスファンドのようなインデックスファンドは毎年市場と互角の結果を残している」（これはシーゲル博士が一九九四年に著した著書の第一版から引用したものである。彼が心変わりするのは自由だと思うが）

第17章

ベンジャミン・グレアムならインデックス運用をどう考えただろうか
――バフェットはインデックスファンドを支持するグレアム氏を支持している

『賢明なる投資家』（パンローリング）の第一版が出版されたのが一九四九年である。著者のベンジャミン・グレアムは当時もっとも尊敬を集めた資産運用者である。『賢明なる投資家』はこの手の書物のなかで最良の一冊であり、包括的で、分析も深く、明快かつ率直で、歴史に名を残す書物である。

ベンジャミン・グレアムは、彼が「割安銘柄」と呼ぶ株式に代表される一種のバリュー投資にフォーカスすることで知られているが、彼は次のような注意を発している。「アクティブ運用を行う投資家は有価証券の価値について十分な知識を有していなければならない。実際に、証券の売買を事業と同様にとらえることができるだけの知識があり、……ほかの一般投資家たちにはない精神的な武器を身につけなければならない。つまり、**大多数の投**

資家は、防衛的な態度をとるべきなのである」

投資家は、防衛型のポートフォリオから得られる適度なリターンで満足すべきである。

なぜか。「『大部分の投資家』には、疑似事業としての投資に取り組む時間も、心構えも、精神的な備えもないからである。それゆえ、彼らは防衛型のポートフォリオから得られる適度なリターンで満足すべきであるし、道をそれることでこのリターンを増大させようとする、繰り返し訪れる誘惑に断固としてあらがうべきなのだ」

インデックス投信第一号が組成されたのは、『賢明なる投資家』が出版された一九四九年から四半世紀後の一九七四年である。しかし、グレアムはこの先例を作ることになるファンドのエッセンスをあらかじめ説明していたのだ（偶然にも、私がフォーチュン誌の記事で投資信託業界の存在を知ったのが一九四九年で、そのことが一九五一年にプリンストン大学で書いた投資信託に関する卒業論文につながるのだ。そのなかで、私はインデックスファンドのアイデアを初めてほのめかしたのだ。「『投資信託』が市場平均を上回ることはできない」と）。

援助を必要としている防衛的投資家に対し、グレアムは、「常識的な投資によって収益を得ることを旨とし、……あえて自分たちの有能さを主張したりはせず、自らの注意深さや保守性、また能力があることを誇りにし……金銭的な損失から守ってくれることが主たる価値と思っている」プロの投資アドバイザーを推奨している。

グレアムは、証券会社に過度な期待を持たないよう投資家に注意しており、「ウォール街の倫理基準は……真の専門家としての規範や地位を確立するための模索を続けている」と主張している（半世紀が過ぎた今も、その道のりは半ば、である）。

ウォール街――「陽気なジョーク」。

彼はまた、ウォール街は「手数料を稼ぐのが仕事であり、成功するためには客が望むことを提供し、数学的法則によって最後は損して終わることがほぼ決まっているにもかかわらず、彼らは客の利益のために惜しみなく働く」と明言している。その後、一九七六年にグレアムはウォール街に対する自身の考えをこう説明している。「極めて好ましくない……

メンタルケアが必要になるような陽気なジョーク で……企業が互いの洗濯物を大量に放り込む巨大な洗濯機だ」(これは、すでに登場してもらった元ハーバード大学のジャック・メイヤー、エール大学のデビッド・スウェンセンという二人の大学寄付基金の幹部の考えを思い出させるものである)

『賢明なる投資家』の第一版で、グレアムはポートフォリオを構築する代替手段として、投資家が主要な投資ファンドを利用することを推奨している。グレアムは、実績ある投資信託を「健全に運用され、典型的な小規模投資家よりも誤りが少なく」、合理的な費用で、適度に分散された普通株式を買い持ちすることで健全なパフォーマンスを上げている、と説明している。

投資信託のファンドマネジャーの真実。

グレアムはファンドマネジャーがなし得ることに対して、徹底して現実的であった。彼は書物のなかで、S&P五〇〇指数のトータルリターンが五七%となった一九三七~一九四七年までのデータを用いてこの点を説明しているが、平均的な投資信託は購入時手数料という過酷な圧力を除いても、五四％のトータルリターンしか上げていない（物事が変化すればするほどその根本は同じであり続ける）。

グレアムはこう結論した。「数字はいずれの方向にせよパッとしない。……概して、投資ファンドの運用能力では、せいぜい費用という重荷と投資に充当しないキャッシュという足かせを補うのが関の山である」。しかし、一九四九年時点では、ファンドの経費や回転に伴うコストは、現代のファンド業界のそれよりもはるかに低いものである。この変化によって、ここ数十年ファンドのコストがリターンを凌駕してしまい、数字はプラスの方向ではなく、マイナスの方向に目を見張るものとなるのだ。

> それが不健全に運用された場合、当面は目覚ましい成果を上げるかもしれないが、それもほとんどの場合は一時の幻想にすぎず、最後は必ず悲惨な損失で終わる。

ファンドは市場リターンからコストを引いたリターンを生み出すとするグレアムの確信は一九六五年までに揺らぐことになる。一九七三年版の『賢明なる投資家』で彼はこう記している。「それが不健全に運用された場合、当面は目覚ましい成果を上げるかもしれないが、それもほとんどの場合は一時の幻想にすぎず、最後は必ず悲惨な損失で終わる」。彼は、ゴーゴー時代と呼ばれた一九六〇年代半ばの、いわゆるパフォーマンスファンドをこう説明している。「覇者となるための抜きん出た手腕がある金融界の新人類であり、……聡明でエネルギッシュな若者が運用するファンドは他人のカネで奇跡を起こすことを約束するが……最終的には必ず他人に損をさせる」

グレアムであれば、一九九〇年代後半のハイテク株が主導した強気相場で組成された何百ものリスクの高い「ニューエコノミー」投信と、その後、五〇％以上もの資産価値を失うことになった崩落とを容易に予見し得たであろう（第7章**図表7－2**参照）。

投資が生み出すお金とは、かつてはそのほとんどがそうであったように、有価証券を売買することではなく、金利や配当を受け取り、長期にわたる価値の増大の恩恵に浴することで生み出されるものである。

グレアムが第一版で示した賢明なる投資家への不朽の教訓は現在も有効である。ベンジ

ヤミン・グレアムの不朽のメッセージは次のとおりだ。

投資が生み出すお金とは、かつてはそのほとんどがそうであったように、有価証券を売買することではなく、金利や配当を受け取り、長期にわたる価値の増大の恩恵に浴することで生み出されるものである。

グレアムの哲学は本書の至るところにも反映されているが、第1章のゴットロックス家の寓話と、第2章で説明した企業の本源的価値に基づく現実の市場と、一時の株価という期待の市場との違いにそれが顕著に表れている。

グレアムの一九四九年の戦略——一九七六年のインデックスファンドの先駆け。

有価証券を分散して取得、保有することとは何か。グレアムは、本質的には株式市場全体を取得し、永遠に保有するファンドが金利と配当を我慢強く受け取り続けることで価値を増大させると言っているのではないだろうか。「**標準的で保守的で平凡な**投資に限定する」という彼の忠告は、株式市場に連動するインデックスファンドというコンセプトに不気味なほどに共鳴してはいないだろうか。「個別銘柄よりも分散させる」ことを防衛的投資家に薦めているベンジャミン・グレアムは、まさに今日の株式インデックスファンドを説明しようとしているのではないだろうか。

ファンドマネジャーの失敗。

晩年、一九七六年に公表されたインタビューでグレアムは、個々のファンドマネジャーはどうしても市場に打ち勝つことができないことを率直に認めている。偶然にも、このインタビューは、世界初のインデックス投信となったファースト・インベストメント・トラスト、現在のバンガード五〇〇インデックスファンドの公募が行われた一九七六年八月に行われたものである。

インタビュアーは「平均的なファンドマネジャーが長期にわたってS&P五〇〇指数を上回る結果を残すことは可能でしょうか」とグレアムに尋ねた。グレアムは「ノー」とぶっきらぼうに答える。そして、こう説明したのだ。「事実上、それは株式市場の専門家全体が自分たち自身に勝てるのかという意味になる。論理が破綻しているよ」（プロの専門家たちが素人の個人投資家よりも高いリターンを獲得するという証拠も、ある機関投資家［たとえば、年金基金のファンドマネジャーや投資信託のファンドマネジャー］がほかの機関投資家よりも優れたリターンを手にするという証拠もない）

どうして彼らはインデックスファンドに劣る結果に満足しなければならないのか、私には理解できない。

その後、彼は、投資家は市場のリターンを手にすることで満足すべきか、と問われる。グレアムの答えは「イエス」である。それから長い時間が経過した現在、本書の中心命題が、投資家が株式市場のリターンの公平な分け前を手にすることを可能にしている。コストの低い伝統的なインデックスファンドだけが、その結果を保証するのだ。

同じインタビューのなかで、ベンジャミン・グレアムはインデックスファンドに対する反対意見、つまり投資家の要求はそれぞれ違うものだ、という意見についても問われている。彼はまたざっくばらんに答えている。「基本的に、それは過去の平凡な記録を正当化するための便利な決まり文句のアリバイにすぎない。すべての投資家が投資から良い結果を得ることを望んでおり、また彼らには可能なかぎりそれを手にする権利がある。**どうして彼らはインデックスファンドに劣る結果に満足しなければならないのか、またそのような悪い結果に対して標準的な手数料を支払わなければならないのか、私には理解できない**」

ポートフォリオ戦略の現実的な基礎

ベンジャミン・グレアムという名前は、「バリュー投資」、割安銘柄の選択と密接につながっており、ほとんど同義語と言ってもよいほどである。しかし、古典とも言える彼の著書は、綿密な安全分析によって優れた銘柄を選択するという、とらえどころのない謎を解くことよりも、現実的なポートフォリオ戦略、つまり分散させ、合理的な長期的期待を持つという率直かつ簡潔な原則に焦点が当てられている。また、入念な安全分析を通して優れた銘柄を選択するというスフィンクスの謎を解くことよりも、本書の命題を重視しているのだ。

優れた価値を見いだそうとすることは実りある行動だったが、もはや……。

グレアムは、自らのバリュエーションの原則を用いて個人的に獲得してきたような大きな報酬を、将来も手にするのは難しいことを重々承知していた。一九七六年のインタビューで彼は驚くべき告白をしている。「私はもはや優れた投資機会を見いだすために安全分析の詳細なテクニックを推奨することはできない。そう四〇年前であれば、実りある行動だったが、それ以降状況は大きく変わってしまったのだ。かつては、熟練した証券アナリストであれば、綿密な研究を通じて割安銘柄を選択するという優れたプロの仕事を成し遂げることができた。**しかし、膨大な調査が行われるようになった現在において、そのような徹底した努力が、そのコストを正当化するだけの十分な銘柄選択に繋がることはほとんどないのではないかと思っている**」

グレアムの高い要求水準に照らせば、今日の投資信託の大部分は、その高いコストと投機的な振る舞いゆえに、約束を果たせていないと言ってもよかろう。結果として、今や伝統的なインデックスファンドが投資家から好まれるようになったのである。

なぜだろうか。ひとつにそれがなしていること、つまり可能なかぎり広範な分散を提供していること、そしてそれがなさないこと、つまり高い運用報酬も課さず、ポートフォリオの回転率も高めないこと、がその理由である。グレアムが著書で示した根本原理を言い換えたものだが、彼が防衛的投資家に向けて説明した原則を奉じるべき大多数の投資家にとっては彼からの重要な贈り物のひとつとなろう。

満足いく投資結果を達成することは、ほとんどの人々が考えているよりも容易である。

ベンジャミン・グレアムの常識、知性、明快な思考、簡潔さ、金融史観、そして長期投資という厳格な原則を固守する姿こそが、彼の色あせぬ伝説の礎となっている。彼は自らのアドバイスをこうまとめている。「典型的な投資家には朗報だが、野心を抑え、一般的な防衛的投資という安全かつ狭い枠内で行動しているかぎり、……勇気や知識、判断、経験といった……昔ながらの資質を……自らの計画に持ち込む必要などないのである。**満足いく投資結果を達成することは、ほとんどの人々が考えているよりも容易である。しかし、ズ**

バ抜けた結果を達成することはほぼ無理である」

インデックスファンドを通じて株式市場のリターンを獲得することが容易かつ信じられないほどシンプルなのであれば、優れたリターンを手にするために、追加的なリスクを負うことも、過大なコストを負担する必要もない。ベンジャミン・グレアムの広い視野、常識、徹底した現実主義、そして知性を踏まえれば、彼がインデックスファンドを称賛したであろうことは間違いない。次に挙げるウォーレン・バフェットの言葉を読めば分かるであろう。これは彼が実際に言ったことである。

私の言葉だけを信じる必要はない

ベンジャミン・グレアムの明白な説明は、コストの低い株式市場全体に連動するインデックスファンドを支持するものだと容易に理解できるが、私の言葉だけを信じる必要はない。グレアムの弟子で、『賢明なる投資家』の最後の版でも、貴重な存在だと認めている助言者であり協力者であるウォーレン・バフェットの言葉に耳を傾けてみよう。

一九九三年、バフェットはインデックスファンドへの支持を明確に表明した。二〇〇六年には、この支持を改めて認めるだけでなく、数十年前にグレアム自身がインデックスファンドを支持していたことを私に個人的に伝えてくれている。

バフェット氏は、二〇〇六年のオマハでの夕食で私に直接こう言ったのだ。「コストの低いインデックスファンドは大部分の投資家にとってもっとも賢い株式投資だよ。わが師、ベン・グレアムもかつて同じ意見だったさ。それからずっと目にしてきたことのすべてが、それが真実だと確信させるね」

＊　＊　＊　＊

付け加えることがあるとすれば、フォレスト・ガンプのセリフだ。「私が言わなければならないのはそれだけだ」

第18章

アセットアロケーション その一 株と債券

――投資を始めるとき、資産を積み上げるとき、そして引退するとき

本章と次の第19章で、二つの複雑な問題に取り組む。アセットアロケーションの一般的な原則と、引退後を考えたアロケーションファンドである。これらの問題に答えるのは容易ではない。

なぜだろうか。第一に、われわれ投資家の目的、リスク許容度、行動上の特性はさまざまだからである。

第二に、われわれはこれまでの三五年間で株式市場と債券市場で異常とも言えるリターンを獲得してきたが、向こう一〇年間、そのようなリターンを得ることはどうやらできそうにないからだ（第9章「良き時代はもはや続かない」参照）。

第三に、投資本の著者たちは、事実上、それぞれが経験している時代に縛られているの

だ。たとえば、ベンジャミン・グレアムが一九四九年に『賢明なる投資家』（パンローリング）を著すまでに、彼は、債券の金利が株式の配当利回りを超える時代を過ごしたことはない。対照的に、私が本章をしたためている二〇一七年までに、六〇年連続で株式の配当利回りが債券の金利を超えることはなかった。変節とも思える態度こそが公平な態度なのである。

そこで、過去を振り返って、株式や債券の過去のリターンやリスクに関する膨大なデータを掘り返すのではなく、現在の状況に適用できる明確な原則について論じたいと思う。現役時分に投資資産を積み上げることにせよ、引退後にその資産を引き出すにせよ、将来にふさわしいアセットアロケーションを構築する一助になればと考えている。

ポートフォリオのリターンの違いのうち、九四％はアセットアロケーションで説明できる。

ベンジャミン・グレアムは、投資資産をどのようにアロケーションするかが最初の投資判断であるべしと考えていた。どれだけの株式を保有するべきなのか。どれだけを債券に

振り向けるべきなのか。この戦略的判断が生涯にわたる投資にとってもっとも重要である、とグレアムは考えていたのだ。

一九八六年の画期的な学術研究が彼の考えを支持している。その研究で、機関投資家が運用する年金基金のトータルリターンの差のうち、驚くことに九四％がアセットアロケーションで説明できることが判明した。

九四％ということは、長期的なファンド投資家の利益にとっては、どのファンドを保有するかという問題よりも、株式ファンドと債券ファンドにどう資産をアロケーションするかという問題のほうが重大だ、ということであろう。

ベンジャミン・グレアムの標準的な割合――五〇対五〇

どこから取り掛かろうか。まず、ベンジャミン・グレアムの一九四九年の古典『賢明なる投資家』にあるアセットアロケーションに関する彼のアドバイスから始めよう。

基本的なルールとして、株式の割合は、最低で二五％、最高で七五％の範囲内に、すなわち逆に債券の割合は七五％から二五％の間とすべきであると述べた。その言外の意味は、これら二つの主たる投資媒体への資金の配分は、基本的には五〇対五〇にすべきだということだ。

さらに言えば、真に保守的な投資家ならば、上昇相場の局面ではポートフォリオの半分が生み出す利益に満足し、またひどい下落相場のときには、リスクを恐れないほかの投資家たちよりはうまくいっているということに慰めを見いだせるであろう（ラ・ロシェフコーの「われわれは他人の不幸に耐えられるだけの強さは備えている」という箴言を指していることは明らかだ）。

アセットアロケーションと利回りの違い。

今日の投資家やそのアドバイザーたちにとっては、株式と債券のアロケーションの五〇対五〇、また七五対二五から二五対七五という幅は、保守的にすぎると思われるかもしれない。しかし、グレアムがこの書物を著した一九四九年、株式の利回りは六・九％、債券の利回りは一・九％であった。今日、株式の利回りは二・〇％、債券のそれは三・一％であり、株式と債券にどれだけアロケーションするかを決めるには、まったく異なる世界なのである（この債券利回りは、社債［三・九％］が半分、一〇年物のTノート［二・三％］が半分で構成したポートフォリオのものである）。

この違いを主に二つの方法でとらえることができる。①株式と債券を五〇対五〇としたポートフォリオの総利回りは四・四％から二・六％まで、四〇％ほど下落した、②利回りの表がひっくり返り、一九四九年には株式の年間利回りは五・〇％のプレミアムがあり、二〇一七年には一・一％のディスカウントがある。

一九九三年の著書『ボーグル・オン・ミューチュアルファンド（Bogle on Mutual Funds : New Perspectives for the Intelligent Investor）』でグレアムの哲学を論じたとき、私はまず二つのアセットクラスを利用することから始めた。富を蓄積する段階にあり、そのために働いている投資家に対して、若い投資家は株式と債券を八〇対二〇、高齢の投資家は七〇対三〇にすべしと推奨した。引退後の分配段階にある投資家には、若い投資家は六〇対四〇、高齢の投資家は五〇対五〇とした。

落とし穴。

今日のかなり低水準の金利や配当利回り、グレアムの時代以来の強気相場、また途中に現れた落とし穴（一九七三～一九七四年と一九八七年の株式市場の暴落や、二〇〇〇年のドットコムバブルの崩壊、二〇〇八～二〇〇九年の世界的な金融危機など）にもかかわらず、かつてグレアムが明確に示した一般原則は驚くべきことに今でも有効である。賢明な投資計画を策定するにあたっては、彼が提案したアセットアロケーションの割合が今でも確たる起点となる。

リスクをとる能力、リスクをとる意欲。

ポートフォリオを株式と債券にどうアロケーションするかを決めるにあたって、二つの根本的な要素がある。①リスクをとる能力、②リスクをとる意欲――だ。

リスクをとる能力というのは、財政状態、将来の負債（たとえば、退職金、子供や孫たちの学費、住宅ローンなど）、そして何年間それらの負債に資金を手当てすることができるかという要素の組み合わせに依存する。一般に、これらの負債が比較的遠い将来に発生するものであれば、より大きなリスクを許容することができる。同様に、負債よりも多くの資産を蓄えていれば、リスクをとる能力は増大することになる。

一方で、リスクをとる意欲は、純粋に好みの問題だ。何も恐れることなく市場の上げ下げに対応できる投資家もいる。しかし、ポートフォリオのボラティリティが気になって夜眠れないのであれば、自分が対応できる以上のリスクをとっているということであろう。リスクを許容する能力と、リスクを許容する意欲とが合わさって、リスク許容度を決めるのである。

資産を積み上げている投資家と引退した投資家の基本アロケーションモデル。

富を構築している最中の投資家が資産を積み上げるための基本となるアロケーションモデルから始めよう。検討すべき主たるポイントは常識的なものである。

1．定期的に投資を行うことで資産を積み上げようとしている投資家はより大きなリスクをとることができる。つまり、収入源が比較的固定されている投資家や、日々の生活費を資産が生み出すインカムや分配に頼っている投資家よりも積極的だ、ということである。

2. 複利のマジックを機能させる時間が豊富にある若い投資家もより積極的になれるが、それよりも高齢の投資家は、もっと保守的な道を歩みたいと思うであろう。

グレアムのアロケーション指標は合理的だが、私のそれは似かよってはいても、さらに融通の利くものだ。リスク許容度が許すかぎり普通株のポジションを取るべきである。たとえば、株式のアロケーションとしてもっとも高いターゲットは八〇%と推奨しているが、これは長期にわたり資産を積み上げていくことになる若い投資家に対するものである。

株式のアロケーションとしてもっとも低いターゲットは二五%だが、これは引退した高齢の投資家に対するものである。これらの投資家は、将来のリターンという可能性よりも、取った行動に対する短期的な結果に重きを置くべきである。彼らは、リターンのボラティリティをもってリスクを測るのは不適切だと考えるに違いない。彼らには、生活費を得るために期せずして資産を流動化、しかも往々にして市場が停滞しているときに流動化させなければならず、おそらくは資産の原価よりも少ない資金しか得られないというリスクのほうが重大なのだ。投資には、何の保証もないのである。

四つの判断。

賢明なる投資家は、アセットアロケーションに関して四つの判断を下さなければならない。

●第一の、そしてもっとも重要な判断は、資産を株式と債券にアロケーションするにあたっての戦略的選択を行わなければならないということだ。ニーズや環境がそれぞれ異なる投資家は、当然ながらそれぞれ異なる判断を下すことになる。

●二番目に、割合を固定させるか、市場のリターンに応じて割合を変化させるかという判断は回避できない。割合を固定（時折、元のアセットアロケーションにリバランスする）させることは、リスクを限定する賢明な選択であり、ほとんどの投資家にとってはより良い判断だと言えるであろう。しかし、ポートフォリオを一度もリバランスしなければ、より大きな長期的リターンを獲得できる可能性がある。

●三番目の判断は、戦術的アロケーションの要素を取り入れるかどうか、つまり市場の変化に応じて株式と債券の割合を変えるかどうか、というものである。戦術的アロケーションには、それ独自のリスクが伴うことになる。株式と債券の割合を変化させることで、価値が付加されるかもしれないが、そうならないかもしれない（その可能性のほうが高いと私は考える）。不確実な世界において、戦術的な変更は慎重に行わなければならないが、それにはわれわれのほとんどが持ち合わせていないある種の予見能力が必要になる。概して、投資家は戦術的アロケーションには取り組むべきではない。

●第四の、そしてもっとも重要な判断は、アクティブ運用の投信に集中するか、伝統的なインデックスファンドに特化するか、というものである。インデックスファンド戦略に分があることは、明白かつ説得力ある証拠が示している。

以上の四つの判断は、賢明なる投資家に厳しい選択を迫るものである。思慮と配慮、そして慎重さがあれば、合理的にこれらの選択を行うことができる。

リスクプレミアムとコストというペナルティの関係。

確かに、株式と債券とにポートフォリオをアロケーションすることは、富の蓄積を左右する重要な要素である。しかし、ファンドのコストとアセットアロケーションの重大な関係を理解している投資家はあまりにも少ない。

株式へのアロケーションが少ない（つまり**リスクの低い**）コストの低いポートフォリオは、株式へのアロケーションが大きい（つまり**リスクの高い**）ポートフォリオと同じか、より大きな純リターンを獲得することができる。もちろん、これはリスクの低い対象に投資することのコストが、リスクの高い対象に投資するよりも、大幅に小さなものである場合に限った話である。

おそらくは、次の簡単な例が役に立つであろう（**図表18－1**）。株式と債券を七五対二五で構成するポートフォリオを持つ投資家を仮定する。株式の期待年間総リターンは六％、債券のそれは三％だ。アクティブ運用のファンドに投資すると、それぞれ年二％と一％というすべてを含めたコストが発生する。つまり、このポートフォリオの期待純リターンは三・五％ということだ。

図表18－1　コストを削減することでより低いリスクでより高いリターンを得ることができる

コストの高いアクティブ運用のファンド				コストの低いインデックスファンド			
	株式	債券	ポートフォリオへの影響		株式	債券	ポートフォリオへの影響
アロケーション	75%	25%	－	アロケーション	25%	75%	－
総リターン	6	3	5.25%	総リターン	6	3	3.75%
コスト	2	1	1.75	コスト	0.05	0.10	0.09
純リターン	4.0%	2.0%	3.50%	純リターン	6.0%	2.9%	3.66%

株式ならびに債券のリターンはそのままに、今度は二五対七五、つまり正反対のポートフォリオを持つかなり保守的な投資家を想定する。だが、この投資家はコストの高いアクティブ運用の投資信託ではなく、株式で〇・〇五％、債券で〇・一〇％を徴収するだけのコストの低いインデックスファンドを利用している。このインデックス運用によるバランス型ポートフォリオの期待純リターンは、何と年三・六六％まで上昇するのだ。

> コストが低ければ、リスクの低いポートフォリオはリスクの高いそれよりも大きなリターンをもたらす。

この例では、過大なコストを排除することで、二五対七五のポートフォリオが、七五対二五のポートフォリオを上回るのだ。**インデックスファンドはアセットアロケーションに関する一般通念をも変えるのだ**。

コストがものを言うのである。ポートフォリオに含まれる株式と債券の比率を決めるに際して、これまで反目し合っていたリスクプレミアムとコストというペナルティも考慮しなければならないのだ。もうそうしてもよいころである。

はっきりさせておこう。コストの高いアクティブ運用のファンドをコストの低いインデックスファンドに置き換えるのであれば、株式のアロケーションを下げる必要はない。しかし、アセットアロケーションに、コストの低いインデックスファンドよりも大幅に高い手数料がかかるアクティブ運用の株式ファンドや債券ファンドを用いているのであれば、どうすればほかの方法でもっと高い純リターンを生み出すことができるかを考えるべきだ。簡単な計算である。

人類のパースペクティブ――心配を抱える投資家へのアドバイス。

正確なアセットアロケーション戦略を構築するのに科学はいらない。ありふれた株式と債券のインデックスファンドを、まずベンジャミン・グレアムが指摘するように、七五対二五と二五対七五を限度に五〇対五〇とするところから始めてみてもよかろう。だが、アロケーションが正確である必要はない。それは、判断、期待、不安、そしてリスク許容度の問題なのだ。投資家が利用できる完璧な戦略などありはしない。私でさえ、自分のポートフォリオのアロケーションには不安を覚えるのだ。

次に掲載する手紙は、自らのポートフォリオで賢明なアセットアロケーションを決定しようとしていながらも、この不安定な世界、日々変化する世の中において、将来、大惨事が起こり得ることを懸念する若い投資家に対して、私の心配事を説明するものである。

アメリカ経済は長期にわたって成長を続けるであろうし、株式市場の本源的価値はその成長を反映したものになるであろう。なぜだろうか。本源的価値は配当利回りと利益成長によって生み出されるもので、それらは歴史的に、GDP（国内総生産）で計ったわが国の経済成長と〇・九六の相関関係にあるからだ（一・〇〇が完全相関である）。

もちろん、株式市場がその本源的価値を超えて上昇する（それよりも下落する）時期もある。それは何らかの過大評価がなされているときと言えるかもしれない（そうでないかもしれない。確かなことは分からない）。しかし、長期的には、やがて市場価格は本源的価値に収束することが常である。私は（ウォーレン・バフェットも）そう考えることがもっとも合理的だと考えている。

知ろうと知るまいと、大きなリスクはもちろん存在する。それが起こるかどうかは、あなたにも私にも、またほかのだれかにも分かりはしない。みんな、その可能性と結果について独自の評価を下すのだ。しかし、投資をしなければ、何も生まれない。

私のポートフォリオでは、株式と債券を五〇対五〇の割合でインデックス運用してお り、その多くが短期や中期のインデックス運用を行うものである。私は八八歳になるが、このアロケーションに満足している。しかし、株式を保有しすぎだと不安になるときと、株式が不足していると感じるときは五分五分だということを告白しよう。つまるところ、われわれはみんな人間にすぎず、無知の霧のなかで活動し、環境や常識にしたがって適切なアセットアロケーションを構築しているのだ。

民主主義について語ったチャーチルの言葉になぞらえれば、「私の投資戦略は最悪なものである。ただ、これまで試みられてきたほかのあらゆる投資戦略を除けば、だが」

この言葉が役に立つことを期待する。幸運を祈る。

J・C・B

本章の読者の幸運を祈る。最善を尽くしてほしい。アセットアロケーションという難題に簡単な答えなどないのだから。

第19章

アセットアロケーション　その二
――引退後の投資とあらかじめアセットアロケーションされているファンド

一九九三年に著した『ボーグル・オン・ミューチュアルファンド（Bogle on Mutual Funds）』のなかで、投資家が利用できる数多くのアセットアロケーション戦略を論じたあと、「控えめなほど効果が大きい」可能性があることを提示した。つまり、アメリカ株を六〇％、アメリカ国債を四〇％とし、十分な分散を提供し、もっとも低いコストで運営されているメーンストリーム（つまりインデックス運用）のバランスファンドは、投資顧問会社が運用するポートフォリオ全体を保有することと同じ役割を果たすということだ。

バンガードで株式と債券を六〇対四〇とするバランス型インデックスファンドを組成することを決定したのが一九九二年である。その後の四半世紀を通じて、このファンドは大きな成功を収めてきている（図表19－1）。

図表19－1　コストの低いバランス型インデックスファンドとコストの高い同種のファンド（1992～2016年）

	リターン		
	年間*	累積	経費率
バランス型インデックスファンド	8.0%	+536%	0.14%
バランス型投信の平均	6.3	334	1.34
インデックスファンドの優位性	1.7%	+202%	1.20%

* 年間リターンの相関は0.98

バランス型インデックスファンドの素晴らしい記録を見てみよう。二五年間で、同種のファンドの六・三％に比べて、年一・七％高い八・〇％の年間リターンを上げている。この差を複利で運用すると、二〇二％の累積リターンとなる。

バランス型インデックスファンドの優位性は、主にコストの低さに由来するもので、同種のバランス型投信の経費率が一・三四％であるのに対し、インデックスファンドのそれは〇・一四％である。経費率の優位性と、同種のファンドの年間リターンとの相関が〇・九八（一・〇〇が完全相関）であることを考えると、バランス型インデックスファンドは今後も同種のファンドをアウトパフォームすると期待することができる。

確かに、コストの低いS&P五〇〇インデックスファンドの年間リターンは九・三％と、バランス型インデックスファンドの八・一％よりも高いので、投資家はそちらを保有したほうがよかったであろう。ボラティリティの低さ（バランス型インデックスが八・九％、S&P五〇〇インデックスが一四・三％）を考えれば、リスク調整済みリターンではバランス型のほうが優位である。さらに、困難な時期にはバランス型インデックスファンドは優れた防衛策となる。S&P五〇〇が三八％も下落した二〇〇〇～二〇〇二年にかけて、バランス型インデックスファンドは一四％しか下落していない。二〇〇八年、S&P五〇〇は三七％下落したが、インデックスファンドの下落は二二％だけである。

投資期間が長く、かなりの胆力と度胸のある投資家、つまり、そのときどきの市場の暴落にも動じない勇気のある投資家は、S&P五〇〇インデックスファンドに一〇〇％アロケーションすることが良い選択となろう（過去二五年のリターンの差はあり得ないほど小さかった。今後は広がるものと思われる）。

だが、投資期間が限られていたらどうだろうか。または、株式市場のボラティリティにおびえたり、海が荒れたときに株式の持ち分を流動化したい衝動に駆られたらどうだろうか。それであれば、バランス型インデックスファンドの株式と債券を六〇対四〇に固定して、あとは何もしない戦略が検討に値する選択肢となるであろう。

再び、ベンジャミン・グレアムの知恵。

第18章で紹介したベンジャミン・グレアムがはるか昔にすべての投資家に与えた、株式と債券のアロケーションは五〇対五〇を基本とし、七五対二五と二五対七五の範囲に収めるべきという忠告を、引退した投資家が無視する理由は見当たらない。リスク許容度の高い投資家、おそらくは自分自身や子孫のためにより大きな富を求めている投資家は株式の割合を高め、一方、より大きなリターンを得る可能性を犠牲にしても、心の安寧を求めるリスク回避型の投資家はその割合を下げることになる。

私は、同じようなシンプルかつ厳格なアセットアロケーションを提唱する者と言われることが多い。債券の割合は年齢と同じとし、残りは株式に投ぜよ、と。このアセットアロケーション戦略は、ほとんどとは言わずとも多くの投資家のニーズを満たすものではあるが、それは経験則以上のものではなく、あくまで投資家が考えを巡らせるキッカケとなるものにすぎない。これは、年も若く、投資資金にも限りがあり、投資からのインカムは必要としておらず、リスク許容度も高く、また株式は債券よりも高いリターンをもたらすと考えているときは、債券よりも株式を多く保有すべきだという考えに基づくものである（であった）。

しかし、年を重ね、やがて引退するころには、われわれの多くが大きな投資ポートフォリオを積み上げてきている。そして、リスクを回避するようになり、資本増価を最大化することは犠牲にし、債券が過去六〇年提供してきた高い利回りへの依存度を高めるようになるのだ。このような環境では、株式よりも債券を多く保有すべきである。

柔軟性が必要である。

このような年齢に合わせるという経験則を厳格に適用しようとは思っていない。たとえば、働き始めたばかりの若い投資家の多くは、投資の早い時期には貯蓄の七五％ではなく一〇〇％を定期的に株式に投じたほうがよいかもしれない。

そして、これから一〇〇歳を迎える人（時間の経過とともに、一〇〇歳を超える人は増えていく）にとっては、株式に投資しないことは疑わしい目的であるかもしれない。このような投資家が株式へのアロケーションを減少させるために継続的に株式を売却することは合理的ではないかもしれない。特に、大幅に価格が上昇した株式を売却するときに実現するキャピタルゲインに多額の税金が課せられる可能性を考えればなおさらである。

年齢に柔軟に合わせる計画は、われわれの常識に合うものである。しかし、多岐にわたる同様のより細かく、複雑なアロケーション戦略を検証するために行われた多くの研究には共通点がある。つまり、向こう一〇年間で繰り返されそうにもない債券と株式の過去のリターンに基づいたものである、ということだ（第9章参照）。

「届いた小切手」

さらに重要な点に話を移そう。年を重ねるにつれ、今日のわれわれを形作った人的資本よりも、投資資金に頼るようになるということだ。最終的に引退すると、投資信託から送られてくる分配金の小切手や、年金として受け取る月々の小切手といった生活を支えるに必要となる一連の収入がもっとも重要となるのである。

確かに、われわれの資金の時価は重要だ。しかし、投資の価値を頻繁に気にすることは生産的でないばかりか、逆効果ですらある。われわれが本当に求めているのは、堅実で、できればインフレとともに増大する引退後の収入なのである。

社会保障制度による年金はこの要求を完全に満たしている。そして、適度なリスクを伴うバランス型投信も、年金を効果的に補う（もしくはそれに補ってもらう）ことができる。バランス型ポートフォリオから生まれる収入の半分は債券の利息から得られるものであり、もう半分は、主に大型株の配当によるものである。S&P五〇〇指数の配当は、九〇年前の一九二六年にインデックスが誕生して以来、三回を除いて、毎年増大しているのだ（第6章**図表6－2**参照）。

社会保障制度による年金の受給とインデックスファンドの分配金——堅実かつ増大する収入の礎。

社会保障制度による年金の受給とインデックスファンドからの分配金（必要であれば資金を引き出すことで補う。第6章**図表6－3**で示したとおり、アクティブ運用のファンドは、自ら獲得した配当収入の全部とは言わないまでも、ほとんどをかすめ取っている。インデックスファンドではそのようなことはない）を組み合わせれば、引退後の資産から毎

月収入を得る効果的な手段となるであろう（毎月分配金を支払う株式投信はほとんどないが、たいてい定期的な月次の支払いを行う設定が可能になっている）。

株式と債券の利回りが歴史的に低い水準（株式二％、債券三％）にあり、投資信託の費用という破壊的な影響もあって、アクティブ運用の投信の利回りは、第6章で見たとおり、かなり低いものである。そのような低い利回りでは、多くの投資家が引退後に必要とする収入を満たすことはなかろう。それゆえに、投資家はトータルリターンというアプローチを通じて引退後の収入を生み出すことを検討したほうがよいのである。つまり、ファンドの分配金と蓄えた資金を定期的に引き出すことで、引退後に安定した収入を得られるようにするのだ。

アメリカ以外の株式――アロケーションの新たなパラダイムか。

過去一〇年、伝統的な二ファンドからなるモデルポートフォリオ（アメリカ株とアメリカ国債）の人気は、三ファンドからなるモデルポートフォリオに取って代わられた。つまり、三三％が債券のインデックスファンド、三三％がアメリカ株のインデックスファンド、そして三三％がアメリカ以外の株のインデックスファンドである。

このような三ファンドからなるポートフォリオのアロケーションは、多くのアドバイザーや投資家たちがグローバルなポートフォリオを広く受け入れるようになったことを反映したものである。グローバルなポートフォリオとは、ほとんどすべての国の株式を時価総額に応じて組み入れたものが基本となる。

一九九三年の『ボーグル・オン・ミューチュアルファンド』で、私はアメリカ以外の株式をポートフォリオに組み入れる必要などないし、いかなる場合でも、アメリカ以外の株式の割合は二〇％以下にすべきだと投資家に忠告している。

アメリカ株だけで構成するポートフォリオが、ほとんどの投資家のニーズに応えるという私の考えにはだれもが反論した（今でもそうである）。彼らの主張はこうだ。「アメリカ以外の株式を分散したポートフォリオから除外することは、たとえばＳ＆Ｐ五〇〇からハイテク分野を除外するようなものではないのか」と。

私には反論がある。われわれアメリカ人は、ドルでお金を稼ぎ、ドルで出費し、ドルで貯蓄し、そして、ドルで投資するのであるから、どうして通貨リスクをとらなければならないのだ、と。アメリカの企業は他国のそれよりも概して強力だったのではなかろうか。アメリカ企業の収入と利益の半分はすでにアメリカ以外から得たものではないのか。アメリカのGDP（国内総生産）はほかの先進国のそれと、少なくとも同じように成長しているか、もしくはそれ以上高い成長を示しているのではなかろうか。

一九九三年の著書での忠告も有効であった。

理由は何であれ、私の忠告は有効であった。一九九三年以降、アメリカのS&P五〇〇指数は年平均九・四%のリターンを上げている（累積では七〇七%超）。MSCI EAFE（Europe, Australasia, and Far East）指数で見た非アメリカのポートフォリオは年五・一%のリターンである（同二一六%超）。

これは、過去四半世紀にわたりアメリカの株式市場で得られた比較優位はもはや消え去り、長期間アンダーパフォームした非アメリカ株式のバリュエーションは魅力的なものとなっているということかもしれない。だが、未来のことはだれも分かりはしない。だからこそ、自ら可能性を検討し、独自の判断を下さなければならないのだ。

株式と債券の比率を固定させるのか、それとも投資家の目的や時間に応じて変化させるのか。

株式と債券の比率を固定したバランス型インデックスファンドの目的は、市場の変化に応じて資産をアロケーションするという難題に直面した投資家を安心させることにある。だが、六〇対四〇のバランス型ポートフォリオは、リスクとリターンのバランスを求める投資家には最適な比率ではあるのだが、すべての投資家にふさわしいものではないという明白な結論に至った。では、どうしてほかの割合のファンドを提供しないのだろうか。

そこで、一九九四年、バンガードは四つの「ライフストラテジー」ファンド（**図表19―2**）の運用を開始した。グロース（株式が八〇％）、モデレート・グロース（同六〇％）、コンサバティブ・グロース（四〇％）、インカム（二〇％）である。それぞれの株式にはアメリカ株を六〇％、非アメリカ株を四〇％組み込み、債券についてはアメリカ国債を七〇％、非アメリカ債を三〇％としている。

TDFの隆盛。

図表19－2　さまざまなバランス型ファンドのアセットアロケーション

	バランス型インデックス	ライフストラテジー・グロース	ライフストラテジー・モデレート・グロース	ライフストラテジー・コンサバティブ・グロース	ライフストラテジー・インカム	ターゲット・リタイアメント2060	ターゲット・リタイアメント2055	ターゲット・リタイアメント2050
アメリカ株	60%	48%	36%	24%	12%	54%	54%	54%
非アメリカ株	0	32	24	16	8	36	36	36
株式合計	60%	80%	60%	40%	20%	90%	90%	90%
アメリカ債	40%	14%	28%	42%	56%	7%	7%	7%
非アメリカ債	0	6	12	18	24	3	3	3
債券合計	40%	20%	40%	60%	80%	10%	10%	10%

	ターゲット・リタイアメント2045	ターゲット・リタイアメント2040	ターゲット・リタイアメント2035	ターゲット・リタイアメント2030	ターゲット・リタイアメント2025	ターゲット・リタイアメント2020	ターゲット・リタイアメント2015	ターゲット・リタイアメント・インカム
アメリカ株	54%	52%	48%	43%	39%	34%	27%	18%
非アメリカ株	36	35	32	29	26	23	18	12
株式合計	90%	87%	80%	72%	65%	56%	44%	30%
アメリカ債	7%	9%	15%	20%	25%	32%	42%	54%
非アメリカ債	3	4	6	8	11	12	14	16
債券合計	10%	13%	21%	28%	35%	44%	56%	70%

ライフストラテジー・ファンドは、けっしてバランス型ファンドというコンセプトの変型版ではない。ここ一〇年ほど、TDF（ターゲット・デート・ファンド）への投資家の需要が爆発的に増大した。このファンドは、たいていの場合、投資家が引退する予定の年であるターゲットデートに近づくにつれ、徐々に保守的になっていく、株式と債券の分散ポートフォリオである。

引退に備えるターゲット・デート・ファンドが圧倒的な人気で、現在の資産残高はおよそ一兆ドルである。ファンドの払い戻し期限が近づくにつれて株式を債券に入れ替えていくという、このファンドのコンセプトはほかの投資目的、たとえば子供の学費などにも適用できる。ターゲット・デート・ファンドの人気の一因はその簡潔さにある。引退を予定している年や子供が大学に通い始める年を予測するだけでよく、あとはそのターゲットデートにもっとも近いファンドに投資すれば良いのだ。「設定したら、放っておけ」というアイデアだ。

TDFは、投資計画を始めたばかりの投資家だけでなく、老後の資金を蓄えるためにシンプルな戦略を取ることを決定した投資家にも、優れた選択肢となり得る。しかし、資産が蓄積され、個人の資産残高や投資目的が達成されるにつれ、コストの低い株式や債券のインデックスファンドなどの個別要素を用いてポートフォリオを構築することを検討する価値が出てくる。

　TDFに投資することを選択するならば、まずは「ボンネットの中を見る」よう促したい（常に良い考えだ）。TDFのコストを比較し、その内部構成に注意してほしい。多くのTDFがアクティブ運用のファンドを部品として保有しているが、コストの低いインデックスファンドを用いているものもある。

　自ら選択したTDFのポートフォリオに何が組み込まれているか、そしてそれに対してどれだけの費用を支払っているかを確認してもらいたい。主要なアクティブ運用のTDFは平均〇・七〇％の年間経費率であり、インデックスファンドで構成されるTDFのそれは〇・一三％である。当然ながら、私は、コストの低いインデックス運用によるターゲット・デート・ファンドが最良の選択肢となり得ると考えている。


社会保障制度による年金を忘れてはならない。

いかなるアセットアロケーション戦略が自分にもっともふさわしいと考えようとも、引退した者たちにとっては主たる収入源である社会保障制度による年金の役割を考慮に入れなければならない。実際に、引退したアメリカ人の九三％ほどが年金を受給している。彼らのアセットアロケーションを考えるときには、年金を債券のような資産として考慮する必要がある。

ポートフォリオにおける年金の価値は大きいのだ。この点を、例を挙げて説明する。六二歳のアメリカ人の平均余命はおよそ二〇年であり、六二歳の投資家は向こう二〇年間年金を受給すると仮定する。現役最後の年収が六万ドルとすれば、年金の権利がある投資家は月に一一七四ドル受給することになる。この給付額をインフレ調整後のＴボンドの現在の利率で割り戻せば、この投資家の年金の価値はおよそ二七万ドルとなる。だが、この価値は引退生活者が亡くなれば消えてしまうので、独断でおよそ四分の一を割り引いて、その価値を二〇万ドルということにする（後に、いつ年金の受給を主張するかという問題に立ち戻る）。

ここで、わが投資家は一〇〇万ドル相当の投資信託のポートフォリオを保有しており、ベンジャミン・グレアムの古典的な五〇対五〇のアロケーションを行っていると仮定する。社会保障制度による年金を無視すれば、この投資家は株式と債券に五〇万ドルずつアロケーションすることになる。だが、社会保障制度による年金を無視すべきではない。

社会保障制度による年金とアセットアロケーション。

この投資家のポートフォリオに社会保障制度による年金の二〇万ドルを加えると、総額一二〇万ドルとなる。しかし、社会保障制度による年金に対する投資を追加すると、債券同等物がポートフォリオに占める割合は七〇万ドル、または五八%となり、株式のそれは四二%となる。

本来の五〇対五〇のアロケーションを達成するならば、投資家は株式に六〇万ドル、債券に六〇万ドル（債券投信に四〇万ドル、年金が二〇万ドル）を投じなければならない。ターゲット・デート・ファンドは概して年金を無視しているので、投資家は自分が考えているよりも保守的なポートフォリオを保有することになる。TDFは年金を債券同等の資産として考えていないかもしれないが、投資家自身は年金を債券と同等の資産として考えるべきなのだ。

注意　年金の受給を大幅に先送りすれば、後に受け取る月額は大きくなるが、その間に年金の受給を受けないという犠牲を伴うことになる。投資家は、最終的に受け取る月額を増大させる機会と、それら月々の支払いを受けないコストとをすべての期間をつうじて天秤にかけなければならない。

たとえば、年収が六万ドルの投資家は、六二歳から受給を始めれば毎月一一七四ドルほどを受け取ることになる。年金の受給を七二歳まで先送りすれば、月額は一九七四ドルとおよそ七〇％も増大することになる。しかし、一〇年間受給を先送りしたことで、この投資家は合計一四万九〇〇ドルの年金を受給し損なったことになる。受給を先送りしたうえで、収支トントンとするには、増大した受給額を一四年間受け取らなければならないのだ。

年金口座

安心かつ快適な老後に備えて富を蓄積することは、ほとんどとは言わないまでも、多くの投資家の主たる投資目的である。税制優遇のある退職貯蓄制度（retirement savings vehicles）はその目的の達成を容易にするものである。これらの年金口座を活用すべきであることは確かだが、どれ、もしくは、いくつかの組み合わせが自らにふさわしいかを判断しなければならない。次に、アメリカで利用できる退職貯蓄口座（retirement savings accounts）のいくつかの概略を記そう。

確定拠出（DC）年金　多くの企業が提供するもので、従業員もしくは投資家が給与の一部を直接年金口座に拠出できるものである。もっとも一般的なDC年金が四〇一kで、課税前の資金を引退後に備えて蓄えることが可能であり、通常、あらかじめ決められた公式にしたがって拠出金の一定割合を企業が給付する。投資収益にかかる課税は、引退後に資金を引き出すまで繰り延べられることになる。

また、多くの場合、自分の口座から借入れを起こすこと、または就労期間中に財政的にひっ迫した場合に早期引き出しを行うことが可能である。また、非営利団体の職員向けの四〇三b、特定の非営利団体および州ならびに地方自治体政府の職員向けの四五七、連邦政府職員向けのTPS（Thrift Savings Plan）など異なる種類の組織に属する被雇用者を対象とした同様の年金もある。

伝統的なＩＲＡ（個人退職勘定）　あらゆる所得階層が利用できる制度である。伝統的なＩＲＡの税制上の特権はＤＣ年金のそれに似かよっている。つまり、拠出金は通常控除対象となり、引き出し時まで課税が繰り延べられる。年間拠出額の上限は通常五五〇〇ドルである。

ＳＥＰ－ＩＲＡ　Simplified Employee Pension IRA は、個人事業主や小規模事業主向けの制度である。税制上の扱いは伝統的なＩＲＡと同様であるが、拠出額の上限がそれよりもかなり高いものとなっている。

ロスＩＲＡ　ほかの年金口座とは異なる税制上の扱いとなる。拠出金は税務上控除対象とならない（全額課税される）が、引退後に引き出すときには運用収益も含めて一切非課税となる。ＤＣ年金やＩＲＡとは異なり、ロス口座での運用益には一切課税されない。また、ロスの拠出金を多くのＤＣ年金に付け替えることが可能である。

資金を引き出す必要性。

債券の現在の金利がおよそ三%、株式の配当利回りが二%（どちらも、アクティブ運用のファンドの高いコストを差し引く前である）であることを考えると、引退後のポートフォリオがもたらす収入は、引退後の生活に必要となる額には及ばないものになりそうである。経験則が教えるところでは、引退生活を持続可能なものとするには、毎年インフレの影響を調整するとして引退時の資金からの毎年の引き出し率を、年度末残高の四%とすればよさそうである。もちろん、これは保証のかぎりではない。

この年四%というルールを厳格に守る必要はない。引退後の消費計画には一定の柔軟性を維持したほうがよいのだ。もし市場環境がとりわけ悪く、このルールがポートフォリオに対して大きすぎるのであれば、節約して、引き出す額を減らしたほうがよかろう。市場が好調で、その比率では必要以上の資金を手にすることになるのであれば、不確実な将来のために予期せぬ余剰金を再投資に回せばよい。そうすることで、市場が下落しているときに消費を抑え、市場が回復したときに、資金を取り戻す機会を得ることになるであろう。

保証はない。

繰り返しになるが、あらゆるアセットアロケーション戦略には、株式市場のリスク、支出のリスク、マクロ経済のリスク、われわれが生きる不安定な世界に存在するその他のリスクなど多くのリスクが付きまとう。われわれにできることは、情報に基づいた判断を下し、状況の変化に応じて、アロケーションや支出を柔軟にすることだけである。

私の言葉だけを信じる必要はない

もっと洗練されたアロケーションの選択肢も存在するが、株式と債券を六〇対四〇とするシンプルなバランス型インデックスの利点は無視されがちである。しかし、二〇一七年初頭、『ア・ウェルス・オブ・コモン・センス（A Wealth of Common Sense）』の著者であるベン・カールソンが、マーケットウオッチに再掲された「レッスン・イン・

ボーグルモデルは大学寄付基金のリターンを上回っている（2016/06/30まで）

	ボーグルモデル	基金平均	第１四分位の基金	第１十分位の基金
３年	6.4%	5.2%	6.3%	6.6%
５年	6.5	5.4	6.2	6.6
10年	6.0	5.0	5.3	5.4

出所＝NACUBO-Commonfund Study of Endowments

インベスティング・シンプリシティ（A Lesson in Investing Simplicity：Why the Bogle Model Beats the Yale Model)」という記事でそのコンセプトを称賛している。

「毎年、NACUBO－コモンファンド・スタディ・オブ・エンドースメントは「全体で五一五〇億ドルの資産規模となる、八〇〇以上の大学寄付基金」が達成した投資リターンをリポートしている。

カールソン氏は、トータル・（US）ストック・マーケット・インデックスファンドを四〇、トータル・インターナショナル・ストック・インデックスファンドを二〇、トータル・（US）ボンド・マーケット・インデックスファンドを四〇とするポートフォリオを「ボーグルモデル」と呼んでいる。上の表は、二〇一六年六月三〇日までの長期間に、ボーグルモデルが一貫して大学の寄付基金の平均を上回っていたことを示している。一〇年間で、モデルは第1十分位の寄付基金さえも上回っていたのだ。

カールソン氏はこう結論づける。「これは、アクティブ運用かパッシブ運用かということとは無関係だ。これは、シンプルか複雑か、効率的に運営される投資か非効率に運営される投資か、確率の高いポートフォリオか確率の低いポートフォリオか、というだけのことである。投資は、複雑で非効率で確率の低い投資スタイルを取り入れる前でも十分困難なものなのである。それゆえ、シンプルで、効率的で、確率の高いボーグルモデルが勝つのである」

＊　＊　＊　＊

注記　アメリカ株式に限定して保有する六〇対四〇のバランス型インデックスファンドは「ボーグルモデル」よりも大幅に高いリターンをもたらしている。三年で八・四％、五年で八・六％、一〇年で六・九％という具合だ。将来この二つの戦略のどちらが優位となるかは、時のみぞ知ることである。

第20章

時間という試練に耐え得る投資アドバイス
――ベンジャミン・フランクリンとのチャネリング

本音を言えば、アメリカの家計の大部分がS&P五〇〇インデックスファンド（またはトータル・ストック・マーケット・インデックスファンド）を通じて株式を、トータル・ボンド・マーケット・インデックスファンドを通じて債券を保有することで大いに報われると確信している（しかし、大きな税の優遇を受けている投資家は、格付けの高い中期の地方債からなる極めてコストの低いインデックスポートフォリオを保有するであろう）。繰り返しになるが、**インデックス運用を中心とする戦略はこれまでに開発された最高の戦略ではないかもしれないが、これよりもひどい投資戦略は数かぎりなく存在する。**

ウォーレン・バフェットの言葉である。「**機関投資家や個人投資家を問わず、ほとんどの投資家が普通株式を保有する最良の方法は最低限の手数料を課すだけのインデックスファ**

ンドを通じて行うことだと気づくであろう。そうすることで、大多数の投資のプロが提供する手数料と経費を引いたあとの純利益を確実に打ち負かすことになろう」（最低限の手数料しかかからないインデックスファンドは、ほとんどの投資家にとって債券を保有する最高の手段であることも忘れてはならない）

投資という世界を取り巻く不変の濃霧のなかでは不確実性は避けられないので、われわれには分からないことがたくさんある。

投資で成功したいと思うのであれば、株式や債券が将来どのようなリターンをもたらすか、またインデックスポートフォリオ以外の投資手法が将来どのようなリターンをもたらすかはだれも分からないということを認識しなければならない。だが、勇気を持ってほしい。投資という世界を取り巻く不変の濃霧のなかでは不確実性は避けられないので、われわれには分からないことがたくさんあるのだ。次に挙げる常識的な現実を考えてみてほしい。

●できるかぎり早い時期に投資を始め、その後、定期的にそこから資金を引き揚げ続けなければならない。
●投資にはリスクが伴う。しかし、もし投資をしなければ、将来、経済的な困難に見まわれるであろう。
●株式や債券市場のリターンの源泉を知ること、それこそが賢明なる行動の始まりとなる。
●個別銘柄を選択することに伴うリスク、資産運用会社や投資スタイルを選択することに伴うリスクは、伝統的なインデックスファンドが提供する最大限の分散を通じて打ち消すことができる。残るのは市場のリスクだけである。
●長期的にはコストがものを言う。そして、それらを最小化させなければならない。
●税金は重要であり、それもまた最小化させなければならない。
●市場に打ち勝つことや市場のタイミングをうまく計ることはできないということを理解するには自己否定が必要になる。**ごく少数の者には有効でも、多くの者には有効ではないことがある。**
●最後に、われわれはわれわれが知らないことを知っている。われわれの世界が明日どうなるのかは分からないし、一〇年後はどうなるかはもっと分からない。しかし、賢明なるアセットアロケーションと賢い投資選択をすることで、必ず訪れる落とし穴に備えることができるし、それらを乗り越えることができる。

われわれがやらなければならないことはまだある。わが国の企業が将来提供してくれるあらゆるリターンの公平な分け前を手にすることだ。私にとっては、それこそが投資で成功することの定義である。

伝統的なインデックスファンドは、その目的の達成を保証する唯一の投資対象である。株式市場がもたらしたリターンに大きく及ばないリターンを手にする敗者たちと一緒になってはならない。本書で示したシンプルな常識に基づく指針に従えば、勝者となるであろう。

ジョン・ボーグルとベンジャミン・フランクリン――類似する投資原則。

自分のアイデアを長い歴史の文脈から見直すと、ベンジャミン・フランクリンの知恵がもたらした一連の原則と似かよっていることが分かる。彼の言葉と私のそれをまとめてみたので、検討してみてほしい。

将来のための貯蓄に関して

フランクリン　裕福なのであれば、得ることだけでなく蓄えることを考えなさい。時は金なり、ということを忘れてはならない。失われた時は二度と戻らないのだ。

ボーグル　投資をしなければ、将来の財政基盤を確実なものにするために必要な富を蓄えることはできない。複利は奇跡である。時間は友なのだ。できるかぎりの時間を使いなさい。

コスト管理の重要性について

フランクリン　ちょっとした費用もおろそかにしてはならない。小さな穴が大きな船を沈めることもあるのだ。

ボーグル　簡単な計算の問題だ。純リターンは、投資ポートフォリオがもたらす総リターンから負担するコストを差し引いたものである。それゆえ、投資にかかる費用を最小化しなければならない。

リスクをとることについて

フランクリン　痛みなくして得るものはない。魚を釣ろうと思えば、餌をつけなければならない。

ボーグル　投資をしなさい。最大のリスクとは、多くのリターンを得られるのにあなたの資金を運用しないという長期的リスクのことであって、市場のボラティリティという実際には実現化されない短期的なリスクのことではない。

重要なことを理解することについて

フランクリン　知識への投資は常に最良の利息をもたらす。学ぶ意欲のある者に知恵はもたらされ、注意深き者に富はもたらされる。財布の中身をすべて頭脳に投じてしまえば、だれもそれを奪うことはできない。

ボーグル　投資で成功するためには、情報が必要である。投資信託が獲得した過去のリターン、特に短期的なリターンに関する情報はほとんど意味がないが、リスクとコストに関する情報は極めて重要である。

市場について

フランクリン　人よりもずる賢い者はいるかもしれないが、ほかのだれもよりずる賢いわけではない。

ボーグル　市場よりも自分は賢いと思ってはならない。そのような者はいない。よって、自分独自の考えだとして行動を起こしても、たいていは何百万人もの人々も同じような考えで行動している。

安全性について

フランクリン　大なる富はさらなる冒険を可能にするが、船が小さいのなら、海岸にとどまるべきである。

ボーグル　資産が膨大であろうが、わずかであろうが、ポートフォリオは株式と債券に分散しなさい。分散、分散である。すると、市場のリスクだけが残る。ほどほどの資産を持つ投資家は特に注意すべきである。

予測について

フランクリン　見ることはたやすいが、予見することは容易ではない。

ボーグル　知らないことを知るためには知恵が必要である。

自らの利益を追い求めることについて

フランクリン　信頼に足るサーバントがいるのなら、自分に仕えさせなさい。

ボーグル　自分の経済的利害をけっして無視してはならない。

最後に、一貫性について

フランクリン　産業と予見能力、そして倹約が富を生み出す。

ボーグル　何が起ころうと、自らの計画に固執しなさい。長期的に考えなさい。忍耐と一貫性は賢明なる投資家にとってもっとも価値ある資産である。「やりきりなさい」

一八世紀のフランクリンは、二一世紀のボーグルよりもはるかに言葉が巧みであることに異論はない。しかし、二人の似かよった格言が示しているのは、賢明な貯蓄と投資の原則は、時間の経過に耐えた、おそらくは永遠の真理であるということだ。

豊かさへの道。

最後にもう一度繰り返すが、豊かさへの道は、長期的な複利リターンというマジックを利用するだけでなく、長期的な複利のコストという暴君を避けることでもある。今日の金融サービス制度を特徴づけている高いコスト、高い回転率、日和見主義のマーケティングを避けなければならない。ウォール街のビジネスでは、「ぼーっとするな、何かやれ」という警句が有効だが、メーンストリートの投資家にとっては、まったく反対のアプローチが有効である。「何もするな、じっとしていろ」

私の言葉だけを信じる必要はない

この最終章で記したアイデアは、私には常識的なことに思えるが、おそらく読者もそう思うであろう。しかし、何らかの疑いを持つのであれば、AQRキャピタル・マネジメントのマネージング・プリンシパルであるクリフォード・S・アスネスの言葉に耳を傾けてほしい。「われわれは基本的に投資の方法は知っている。ダイエットとダイエット本が良い見本である。われわれはみんな、減量の方法とより良い体形を得る方法を知っている。つまり、食事を減らし、運動を増やすこと……単純なことだ。しかし、それは容易ではない。投資も同じことだ。

優れた投資とファイナンシャルプランニングに関するシンプルだが容易ではないアドバイスには、概して次のことが含まれる。広く分散しなさい……コストを抑えなさい……規律ある方法でリバランスしなさい……消費を抑えなさい……貯蓄を増やしなさい……将来のリターンについて大胆な仮定をするのを控えなさい……フリーランチに思えるようなものがあるなら、よほど説得力ある説明がないかぎりはフリーではないと思いなさい。もう一度振り返ってみよう。

株式市場を観察するのをやめなさい……これ以上投資に時間をかけるのをやめなさい……ヒポクラテス風に言えば、害を与えてはならないのだ。特効薬は必要ないのだ。現時点における、あらゆるアセットクラスの期待リターンが歴史的水準よりも低いという事実を変えるものなどない。**基本に忠実たれ**」

＊　＊　＊　＊

本書が示したシンプルなアイデアは本当に有効である。古典的なインデックスファンドこそがそのような勝てる戦略の中心であるべきだと私は信じている。しかし、そんな私でさえも、ＭＩＴ（マサチューセッツ工科大学）の故ポール・サミュエルソンが二〇〇五年秋にボストンの証券アナリスト協会で行ったスピーチに言及するほど厚かましくはない。「**ジョン・ボーグルによるインデックスファンド第一号の組成は、車輪やアルファベットやワインやチーズの発明にも匹敵するものである**」。やがて当然のものとして受け入れられることになる、これらの必需品は時間という試練に耐えてきたものだ。伝統的なインデックスファンドもそうなるであろう。

謝辞

本書執筆にあたっては、ボーグル・ファイナンシャル・マーケッツ・リサーチセンターの全スタッフ（三人だが）から計り知れないほどのサポートをいただいた。同社は、二〇〇〇年に公式な活動を開始した、バンガードが支援する組織である。

まずは、上級投資アナリストであり、リサーチャーであり、私のパートナーであり、また私の良心でもあるマイケル・W・ノーランに心からの感謝を表したい。マイクは、一六年に及ぶバンガードでのキャリアのうち、今日までの六年間、私に仕えてくれた。マイクは、問題を調査し、データを解析し、出典を洗い、文章の編集を助け、出版社ともやり取りをしてくれた。まさに、筆を取ること以外のすべてをやってくれたわけだ。彼は、信じられないほど、優雅に、落ち着いて、ユーモアをもって取り組んでくれた。

今日までの二七年間、役員秘書（そしてバンガードの一員としては三二年間）を務めてくれているエミリー・シュナイダーは、膨大な量となった私の汚い原稿を、素晴らしい能力と、ゆるぎない正確性、そして変わらぬユーモアをもって、美しいタイプ原稿にまとめてくれた。私が一一冊目の本を書くと伝えたとき、彼女は辟易したと思うのだが、分かりやすく、正確かつ論理的で、読者に優しい文章にすべく、八回にも及ぶ編集作業を我慢強くやり切ってくれた。私一人ではできなかったことである。

われわれの小さなグループに新たに加わってくれたキャッシー・ユンカーは、素晴らしい能力と忍耐力、そして優れたユーモアをもって、エンドレスとも言えるタイピングを担当し、ハチャメチャとも言えるわれわれの活動のなかで、執筆のリズムを生み出してくれた。

ここで、本書に記した強烈な意見はすべて筆者が責任を有するものであり、必ずしもバンガードの現在の経営陣の意見を反映したものではないことを記さなければならない。

私は今でもバンガードとその仲間たちに身を捧げているし、一九七四年の創業時、そしてCEO（最高経営責任者）、会長、そして名誉会長として従事した二五年間に投じた価値を増大させるべく「わき目もふらず働き」続けている。

ジョン・C・ボーグル

■著者紹介

ジョン・C・ボーグル（John C. Bogle）

投資信託会社バンガード・グループの創業者兼元会長であり、現在ボーグル・ファイナンシャル・リサーチ・センターの会長を務めている。1974年にバンガードを設立後、1966年まで会長兼CEO（最高経営責任者）を、その後2000年まで名誉会長を務めた。ボーグルには10冊の著作があり、『インデックス・ファンドの時代』『米国はどこで道を誤ったか』（東洋経済新報社）、『波瀾の時代の幸福論』（武田ランダムハウスジャパン）、本書の旧版である『マネーと常識』（日経BP社）などがある。

■監修者紹介

長尾慎太郎（ながお・しんたろう）

東京大学工学部原子力工学科卒。北陸先端科学技術大学院大学・修士（知識科学）。日米の銀行、投資顧問会社、ヘッジファンドなどを経て、現在は大手運用会社勤務。訳書に『魔術師リンダ・ラリーの短期売買入門』『新マーケットの魔術師』など（いずれもパンローリング、共訳）、監修に『高勝率トレード学のススメ』『ラリー・ウィリアムズの短期売買法【第２版】』『コナーズの短期売買戦略』『続マーケットの魔術師』『続高勝率トレード学のススメ』『ウォール街のモメンタムウォーカー』『投資哲学を作り上げる　保守的な投資家ほどよく眠る』『システマティックトレード』『株式投資で普通でない利益を得る』『成長株投資の神』『ブラックスワン回避法』『市場ベースの経営』『金融版 悪魔の辞典』『世界一簡単なアルゴリズムトレードの構築方法』『新装版 私は株で200万ドル儲けた』『リバモアの株式投資術』『ハーバード流ケースメソッドで学ぶバリュー投資』『システムトレード 検証と実践』『バフェットの重要投資案件20 1957-2014』『堕天使バンカー』『ゾーン【最終章】』『ウォール街のモメンタムウォーカー【個別銘柄編】』『マーケットのテクニカル分析』『ブラックエッジ』『逆張り投資家サム・ゼル』『マーケットのテクニカル分析 練習帳』など、多数。

■訳者紹介

藤原玄（ふじわら・げん）

1977年生まれ。慶應義塾大学経済学部卒業。情報提供会社、米国の投資顧問会社在日連絡員を経て、現在、独立系投資会社に勤務。業務のかたわら、投資をはじめとするさまざまな分野の翻訳を手掛けている。訳書に『なぜ利益を上げている企業への投資が失敗するのか』『株デビューする前に知っておくべき「魔法の公式」』『ブラックスワン回避法』『ハーバード流ケースメソッドで学ぶバリュー投資』『堕天使バンカー』『ブラックエッジ』（パンローリング）などがある。

2018年6月3日　初版第1刷発行

ウィザードブックシリーズ(263)

インデックス投資は勝者のゲーム
――株式市場から利益を得る常識的方法

著　者　ジョン・C・ボーグル
監修者　長尾慎太郎
訳　者　藤原玄
発行者　後藤康徳
発行所　パンローリング株式会社
〒160-0023　東京都新宿区西新宿7-9-18　6階
TEL 03-5386-7391　FAX 03-5386-7393
http://www.panrolling.com/
E-mail　info@panrolling.com
編　集　エフ・ジー・アイ（Factory of Gnomic Three Monkeys Investment）合資会社
装　丁　パンローリング装丁室
組　版　パンローリング制作室
印刷・製本　株式会社シナノ

ISBN978-4-7759-7232-8

ベンジャミン・グレアム

1894/05/08 ロンドン生まれ。1914 年アメリカ・コロンビア大学卒。ニューバーガー・ローブ社（ニューヨークの証券会社）に入社、1923-56 年グレアム・ノーマン・コーポレーション社長、1956 年以来カリフォルニア大学教授、ニューヨーク金融協会理事、証券アナリストセミナー評議員を歴任する。バリュー投資理論の考案者であり、おそらく過去最大の影響力を誇る投資家である。

ウィザードブックシリーズ 10

賢明なる投資家
割安株の見つけ方とバリュー投資を成功させる方法

電子書籍版あり　オーディオブックあり

定価 本体3,800円+税　ISBN:9784939103292

市場低迷の時期こそ、威力を発揮する「バリュー投資のバイブル」

ウォーレン・バフェットが師と仰ぎ、尊敬したベンジャミン・グレアムが残した「バリュー投資」の最高傑作！　だれも気づいていない将来伸びる「魅力のない二流企業株」や「割安株」の見つけ方を伝授。

ウィザードブックシリーズ24

賢明なる投資家【財務諸表編】

定価 本体3,800円+税　ISBN:9784939103469

ベア・マーケットでの最強かつ基本的な手引き書であり、「賢明なる投資家」になるための必読書！　ブル・マーケットでも、ベア・マーケットでも、儲かる株は財務諸表を見れば分かる！

ウィザードブックシリーズ87

新 賢明なる投資家(上)

定価 本体3,800円+税　ISBN:9784775970492

古典的名著に新たな注解が加わり、グレアムの時代を超えた英知が今日の市場に再びよみがえる！ みなさんが投資目標を達成するために読まれる本の中でも最も重要な1冊になるに違いない。

ウィザードブックシリーズ88

新 賢明なる投資家(下)

定価 本体3,800円+税　ISBN:9784775970508

原文を完全な状態で残し、今日の市況を視野に入れ、新たな注解を加え、グレアムの挙げた事例と最近の事例とを対比。投資目標達成のために読まれる本の中でも最も重要な1冊となるだろう。

ウィザードブックシリーズ 44

証券分析【1934年版】

定価 本体9,800円+税　ISBN:9784775970058

「不朽の傑作」ついに完全邦訳！　研ぎ澄まされた鋭い分析力、実地に即した深い思想、そして妥協を許さない決然とした論理の感触。時を超えたかけがえのない知恵と価値を持つメッセージ。

ウィザードブックシリーズ207

グレアムからの手紙

定価 本体3,800円+税　ISBN:9784775971741

ファイナンスの分野において歴史上最も卓越した洞察力を有した人物のひとりであるグレアムの半世紀にわたる證券分析のアイデアの進化を示す貴重な論文やインタビューのコレクション。

バフェットが執筆する「株主への手紙」を収録

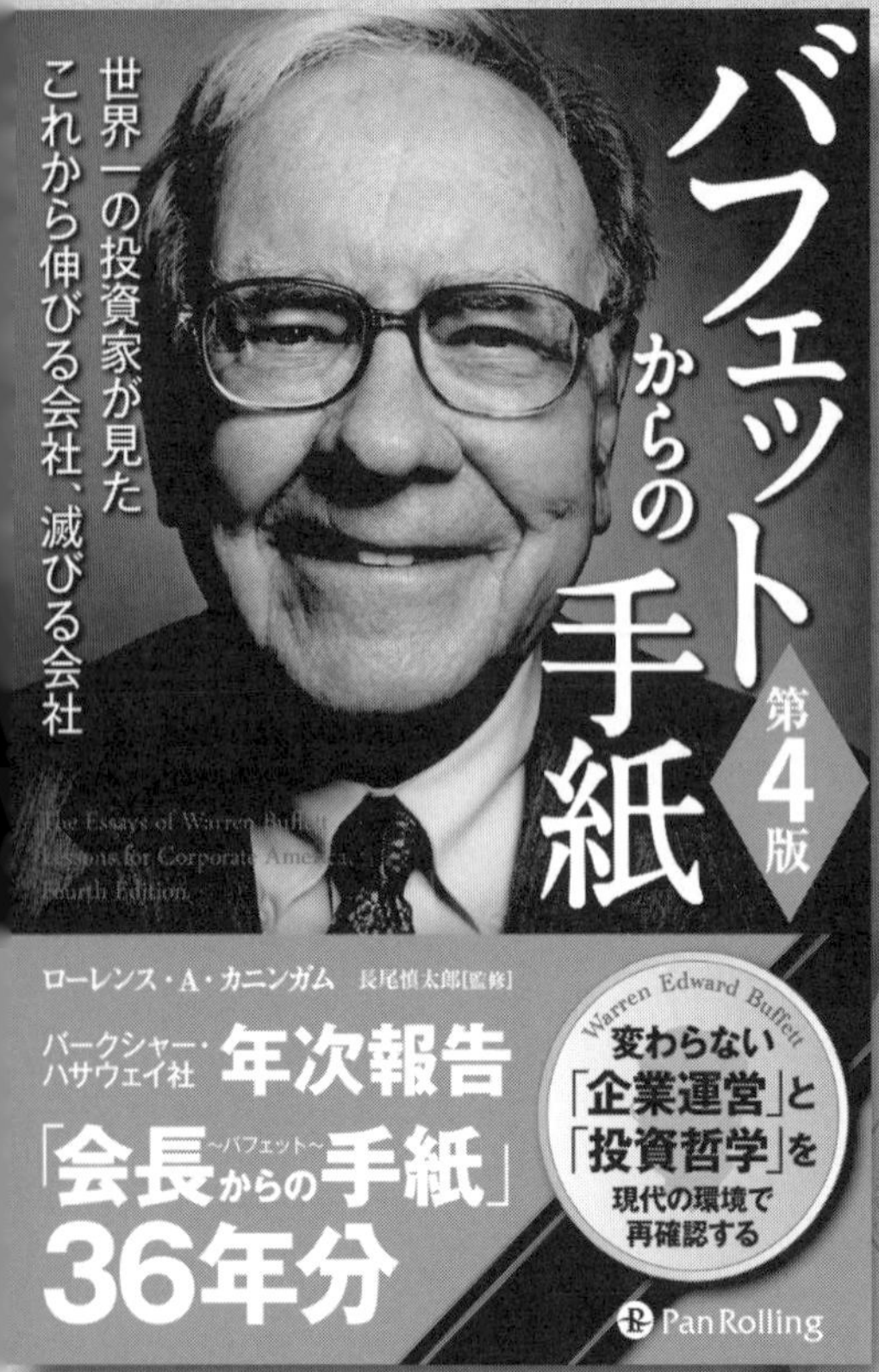

「カニンガムは私たちの哲学を体系化するという
素晴らしい仕事を成し遂げてくれた」——ウォーレン・バフェット

「とても実用的な書だ」—— チャーリー・マンガー

「バリュー投資の古典であり、バフェットを知るための究極の1冊」—— フィナンシャル・タイムズ

「このバフェットに関する書は素晴らしい」—— フォーブス

ローレンス・A・カニンガム 著

定価 本体2,000円+税　ISBN:9784775972083